歲月無驚

小寒——秋分

蔣勳

目次

自序　歲月無驚　10

小寒

金苓子　18
星河　21
家　24
寒凝大地　27
聖若瑟　29
荒山絕世　33
寶釧菜　36

大寒

臘八　42
容顏　44
南枝春早　47
寒緋　50

三棧溪 52
砂卡礑 54
流浪狗 56
春消息 58

立春

祝願 62
苦楝之一 64
林投 66
新畫 71
台北的天空 73
木棉 76
香楠 78

雨水

水田 82
斜成夕陽 84

紅花風鈴木 88
留白 91
圓滿 95
大葉欖仁 97
眼睛 100

驚蟄

苦楝之二 104
錯過 106
卿卿 110
愛鳥，何不多種樹？ 113
垂枝茉莉 116

春分

歐修士的花園 120
榕樹公 124
清明 127

燈 129

清明

十字——悼台鐵罹難者 132
紅藜 134
花旗木 136
香遍三千大千 139

穀雨

喜雨 142
鬱金香 144
蜜香紅茶 146
桐花 149

立夏

不關心 152
盛豔之花 154
夜合木蘭 156

結穗 159

小滿

翅莢決明 162
雲瀑 164
眾鳥欣有托 166
眾生 169
好風吹來 172

芒種

蓮霧花 176
及雨及時 178
端午 180
火球花 182
須陀洹 184
紫薇 186

夏至

耘田 190
放下 192
新米粥 194
貓咪 197

小暑

池上的雲 202
水聲 204
紅雲 206
Neil 208
福德「詞」 210
貝殼 212
蓮霧之一 215
蓮霧之二 217
樹 220

大暑
葭灰 224
無 226
補秧 228
輸贏 230
沉默 232

立秋
中元 236
山頭 240
柿子 243

處暑
夏天就要過去 246
Icarus——阿富汗 248
鷩 250
池上珍重 252
秋香 256

潮來潮去 260

白露

清晨的秋光 264
蒜香藤 266
Momojan 268
捨身飼虎 272
欒樹開花 275
龜甲木棉・馬拉巴栗・光瓜栗 278

秋分

入秋 284
包紮的凱旋門 287
菩提新葉 291

自序

歲月無驚

以為新冠疫情就要結束了，小寒，大寒，期待著立春。二〇二一年的新年元旦到舊曆春節，相信全世界的眾生都默默祈禱，希望新來的一年疫情停止。

有時突然遇到地震，驚天動地的搖晃，完全無助，只有心中默禱：趕快停止。

地震大多只有數十秒鐘，但是，卻像是一世紀那麼長久。

小時候遇到過風災，一日一夜狂風暴雨，大水一尺一尺上漲，停電，在暗黑中聽到附近房屋倒塌，呼喊救命，心中驚慌，不能做任何事，也只有強作鎮靜，祈禱風雨趕快過去，祈禱黎明天亮。

那個暗黑夜晚也像一世紀那麼長久。

我們會記得地震的數十秒鐘，我們會記得大風呼嘯、嚎啕大雨的那一個夜晚。

災難過後，如果倖存，謝天謝地；我們會知道珍惜，知道歲月靜好，平常無事，才是真正的幸福。

我常常心存感謝，覺得自己此生命好，出生在戰後，七十年沒有戰爭，七十年沒有大饑荒，七十年沒有天崩地裂的大災厄。

新冠疫情持續了兩年，每一次覺得要結束了，又在不同地區爆發。每一次覺得要平息了，又再度凶厲，剛剛放心，卻又驚恐。

「什麼時候才會停止呢？」一年裡有多少人重複詢問，卻聽不到答案。

有一種說法：新冠病毒不會消失，會一直變種。

這樣的說法讓希望破滅，「永遠不會停止了嗎？」這樣的說法卻也彷彿讓人心情轉變，「不會消失，所以學習與它和平相處。」

從地震到暴風雨，從戰爭到疫病流行，我們都在驚慌中期待「停止」，然而，歲月無驚，歲月從不為任何事停止。

到二〇二一年秋天，全球因新冠疫情死亡的人數已經超過五百萬人。

因為住在縱谷，東部太魯閣號台鐵事故，死亡四十九人，許多是回鄉掃墓的東部人。感受到偏鄉人的無奈，我特別憤怒激動。然而，編輯這本《歲月無驚》，我幾經斟酌，還是都刪除了。

「度一切苦厄」，「苦」、「厄」都要度過，再難忍、再傷痛、再錐心刺骨的「苦」、「厄」都要度過。

數十秒的苦厄，一日一夜的苦厄，數年戰爭的苦厄，可能永遠跟著我們的病毒的苦厄，都一樣漫長，無止盡，驚慌是無止盡的。

驚慌，像一層一層的浪，波濤洶湧，永無止盡。

然而有人說「船過水無痕」。

「船過」當然波濤洶湧，要有多長的時間讓洶湧的浪濤靜下來？歲月無驚，水上平靜無痕。

穀雨前後，北部疫情爆發，我取消了北返，留在一處叫龍仔尾的農舍。東邊海岸山脈，西邊中央山脈，向南看是一望無際的卑南溪平原。剛剛插了秧的稻田一片蔥翠，從立夏到小滿，看稻秧抽穗，看庭園蓮霧開花，結果，果實落滿地上，一掃就是百餘顆。

芒種後稻田收割了，不多久當地農民就送來剛剛新焙好的當季新米。我用大火燒滾，蓋著鍋蓋燜一夜，次日清晨一室帶芋頭香的米粥，配池上玉蟾園的豆腐乳，吉拉米代部落新筍，看院落芒果結實纍纍，龍眼也已垂滿樹枝。

附近居民隨意餵養的貓跑來覓食，我找到前一個房客留下的貓飼料，放在屋簷下，貓咪吃飽了，卻跳到我早餐桌上，聞聞米粥，聞聞豆腐乳，聞聞新筍，都沒有興趣，就四仰八叉躺在桌上呼呼大睡。

小暑、大暑，感謝陸續跑來我住處的貓咪陪伴我過了一個無憂無慮沒有雜念的夏天，原來「歲月無驚」，是可以一整天坐在屋簷下看鳥雀啄食地上的芒果，一整天看山頭雲舒霧卷，看日升月恆……

二期稻作在立秋前大多插完了，農民有空站在田埂邊和我寒暄：「今天散步時間比較早啊……」

我們的對話好像都沒有內容，不說大事，小事就是「今天貓咪為什麼沒有來」。

龍仔尾的農舍沒有電視，沒有網路，沒有報紙，可是該知道的事也都知道。知道有多少人確診，有多少人死亡，知道針對疫苗有多少爭議，知道眾生還在驚慌中。

晨起念經、抄經，下午畫畫，畫了記憶中清邁清晨托缽出外「乞食」的僧侶，細想自己要放下多少矜持傲慢才能隨他們去「乞食」修行，做好《金剛經》「著衣」、「持缽」兩個最根本的功課。

白露之後，疫情好轉，我去池上書局，結識了有十年的Momojan跑來依靠在我手臂上，他原是不愛搭理人的貓，遊客多，他總躲起來。然而今日來靠著我的手親近，啊，這是一年的大事。好像疫情很遙遠，此時此刻，害怕驚醒貓的沉睡，我也靜靜呼吸，彷彿天下無事，「歲月無驚」。

二〇二一年霜降後七日

小寒

金苓子

二〇二二年一月四日

小寒，急速降溫冷了幾天，河邊東北季風呼嘯，木窗櫺震得嘎嘎作響。

河邊少人行，偶然一二白鷺棲息岸邊覓食，看著一片茫茫漠漠的冷水，仍然專心一意，沒有旁騖。

斷斷續續降溫，也會有一天突然放晴，陰霾一掃而空，陽光亮麗，天空湛藍。

前幾日在寒風裡吹落不少枝葉的苦楝樹，結滿了一粒一粒小龍眼般發亮的金苓子，襯著一碧如洗的藍天，很是華麗好看。

苦楝樹枝莖細長優美，但是春天時有淺紫的花色和濃密綠葉覆蓋，

看不太到枝幹的線條。

一棵樹也有一棵樹在不同節氣裡的美，春天看紫花看綠葉，冬天看枝莖婉轉，看如黃金果粒燦亮奪目的苓子。

「無我相、無人相、無眾生相、無壽者相」，《金剛經》重複說得最多的一段話，彷彿也是這一棵苦楝在不同季節示現給我的諸相非相。

這幾日得知傳聰染疫過世，八十六歲。我和他的一面之緣是在四十年前，他應新象之邀來台北演奏。會後許博允邀約去北投泡湯，泡湯時閒聊，他說起彈奏貝多芬時常用李白詩裡的情感，彈奏巴哈也常常覺得是跟王維對話。

湯池裡娓娓道來的美學，以後在《傅雷家書》裡讀到，文化深厚底蘊造就了藝術者詩人的特質，藝術當然不是「技術」這麼膚淺。

盛壯之年的傅聰，以「鋼琴詩人」享譽國際，他手指上感動世界的不只是蕭邦、莫札特，而是血液中奔流不斷的孟浩然、李商隱吧……

晴日呼喚，人群都出來了，河邊異常熱鬧，大人們紛紛指著樹上發亮的果實給孩子看。

星河

二〇二一年一月六日

靠近捷運站，城市用許多許多燈光營造著像密聚的星河一般的天穹，異常華麗，卻也異常荒涼。

許多人穿過那星空一樣的穹頂，就看到了鬼魅和天使飛翔的奇幻繽紛，但只是幻象，出了穹頂，依然是冷酷的現實。

在特別寒冷的冬天，豎著衣領匆匆走過的男子，覺得細雨飛霜在頷下的鬍渣上結了一粒粒晶瑩透明的冰花。他便想起愛人曾經打開羊毛圍巾，用溫暖的頸脖依偎著，讓每一粒鬍渣上的冰花融化。融化的冰花，像細細涓涓的溪流，帶著如淚冰涼和花的芳香，汩汩流淌進呼吸喘息的他厚實的胸口。

那個冬天，他走過城市每一條街，都想唱歌，歌聲飛揚，就像遠遠的夜空裡密密層層許多夢的音符織成的繁星。

所以可以在城市最冷的夜晚獨自漫步，去測試今夜荒涼的溫度吧……沒有任何一次擁抱是永遠的擁抱，沒有任何一次依偎是永遠的依偎。

是新年了，不應該哭，哭的時候，也不要讓淚水結成冰花。

肉體總是在寂寞的華麗裡懂了感傷，懂了想念溫暖的頸脖，懂了鬍渣上的飛霜，懂了每一座繁華城市都走在宿命荒涼的路上。尼尼微、大馬士革、以弗所、長安、巴黎、威尼斯、台北……

家

二〇二一年一月十日

小時候，上作文課或美術課，常常會有一個共同的題目：「我的家」。

如果是幼稚園，或是小學一、二年級，圖像的思考還很籠統，不容易有太深入細密的觀察，台灣的五〇到六〇年代，大概孩子畫中描寫的「家」大概就是斜屋頂，一個大門，四周有樹。

音樂課教的一首歌也與「家」有關：「我家門前有小河，後面有山坡，山坡上面野花多……」

記得小學班上有一位同學描寫他家屋頂的瓦片，用到「整齊像魚鱗」，很受老師讚美，認為他有很細的觀察力。可惜這同學後來學理

工，並沒有走寫作的路。

七〇年代以後，我住的城市慢慢改變，童年作文和美術課的「家」都拆除，改建公寓。音樂課裡「門前有小河」、「後面有山坡」的「家」更是天方夜譚。

短短三十年，都市建築從外觀到內在，家的倫理都有巨大變化。

今天的孩子要如何描寫或描畫「我的家」？

在城市鬧區看到一戶老式宅院，斜屋頂，黑瓦，雨棚，院裡的大樹……讓我佇足沉思了一會兒。

在我記憶裡很難忘的「家」，彷彿推開門就可以聞嗅到母親晚飯煎赤鯮的香味。

然而，我的記憶，對青年一代而言或許已無太大意義了吧？

寒凝大地

連續降溫，寒凝大地。

從花蓮高中的操場向西邊眺望，遠遠的大山上都在飄雪。這樣的學校，靈氣逼人，都會城市的學校望塵莫及。

天空灰沉沉的雲層堆得很厚，但是雪花裡似乎還反照著光。

一片片翻飛的雪花，霧淞，霜霰，凝聚在水氣裡的光，像死寂的大

二〇二一年一月十二日

山裡踽踽獨行的孤獨者，像是走向鬱暗沉寂，又像是走向飛舞的光。

有人在死滅的枯木裡找到生命，聽到大風呼嘯，聽到巨雷的霹靂，聽到火焰嘶嘶燃燒的聲音，聽到暴雨，聽到蟲蝕，也聽到被冰雪壓到斷裂的嘎嘎叫聲。

大寒之前，最後一個節氣，總會告訴我們凝寒死滅的真正意義吧！

無端想起他的詩句：「寒凝大地發春華。」

一切寒凝死滅之後，才有春天的花的綻放嗎？

聖若瑟

二〇二一年一月十三日

多日陰霾突然放晴。

在花蓮的聖若瑟修道院入口看到一尊很樸素的木雕像。

聖若瑟，有時翻譯為「約瑟」，他是耶穌的父親。但是依基督教嚴格的教義，耶穌是瑪利亞從聖靈受孕，是「神之子」，所以，若瑟只能算是耶穌的養父。

我初中一年級，在民生西路的蓬萊堂隨孫神父讀經，從《舊約》讀到《新約》。我很感興趣，至今也還常拿出來讀，以為是最好的文學，也幫助我進入歐洲的藝術史經典作品。

那一年多讀經，對若瑟沒有很深的印象。他是木匠，是謙卑的勞動者，很少看到他表達自己獨特的意見。

若瑟是神的虔誠信徒，神派天使告訴他，瑪利亞從聖靈受孕，不可與她同房，若瑟就遵從。神又派天使告訴他，帶妻兒逃往埃及避難，他也遵從。若瑟從不懷疑神給他的命令。

我結束讀經課業，領洗的時候，神父要我選擇「聖名」。我選了十二門徒中唯一不相信耶穌復活的「多默」。神父笑一笑，他大概知道文青時的我內心的叛逆吧。我最終離開了天主教，後來讀到沙特為了卡繆皈依基督教而決裂多年友誼，有一點憂傷。

在巴黎時常路過聖母院，還是不自覺走進去，在沉靜的穹拱回聲裡，像是聆聽著自己叛教的告解。

不知道為什麼，這次在若瑟像前沉思很久，如果再次被神接納，我會不會選擇「若瑟」做新的聖名？在漫長的信仰的路上，懷疑像一道一

道障礙，若瑟在這路上也曾有過一絲懷疑嗎？

我多麼羨慕若瑟，遵從一種單純的信仰，沒有一點懷疑，那就是神的旨意，只要照著神的話語去做。信仰或許是極大的福報吧？我青年時的叛逆，卻使我與若瑟擦身而過……

若瑟是質樸勤勉的木匠，寡言木訥，這尊像不修飾的木頭紋理質感都很適合他。他手裡懷抱小耶穌，他無微不至呵護照顧的孩子並不是他的兒子，他並不在意，因為那是神之子。

耶穌最後要被釘死在木頭製作的刑具十字架上，那時，若瑟已經去世，即使在世，他或許也無法理解一手帶大的孩子為什麼要堅持選擇走上那麼壯烈的骷髏地吧？

很高興在花蓮遇到聖若瑟修院，相信這裡有許多以若瑟的質樸信仰為典範的追隨者。

荒山絕世

二〇二一年一月十六日

在花蓮的時候，朋友告訴我奇萊主峰落雪了，稜線很美。

我在花蓮沒有看到，驅車往台東去，連續幾日都沉雲密布，雲層低，近山遠山被灰雲遮蔽，什麼也看不見。

空氣裡都是寒意，趕在舊曆年前剛剛插秧的農田，一片幼嫩青綠的秧苗，也彷彿感覺到冰凍的氣溫瑟縮著，讓人擔心農民的辛苦會遭寒害損失。

小寒後十日，突然晴了，陽光好亮，人們都走到戶外舒展多日在寒凍中縮著的筋骨。突然想起高山稜線上的積雪，一旦放晴，一定熠燿生輝。

我訂了北返的飛機，希望可以在晴日高空看尚未融化的積雪。買到機票，刻意訂了朝向西面的位子。起飛不久就看到中央山脈山峰稜線點點白雪。快近花蓮時，一長段山峰稜線上都是白皚皚的雪。尖銳峭立的山的稜線犀利如劍戟，如刀刃，明顯的黑與白的對映，使我想起臺靜農老師稜稜傲骨剛銳頑強的書法線條。臺老師有詠梅花極美的詩句：「為憐冰雪盈懷抱，來寫荒山絕世姿。」

冰雪懷抱，荒山絕世，節氣即將大寒，有幸有緣與高峰上的絕世之姿相看兩不厭。

寶釧菜

二〇二一年一月十八日

台東地區野菜很多，吃起來口感嚼勁氣味都和菜田養殖的菜不完全一樣。

小時候食物來源稀少，家庭主婦多在大自然中找野生的食物來吃，家門口溪水裡摸得到蛤仔、蜊仔，田裡的野生黃鱔泥鰍都可以打牙祭。我家後院有防空洞，預備空襲避難，戰爭一直沒有發生，防空洞上的覆土就長滿各種花草，我最喜歡山芙蓉，花朵粉白粉紅相兼雜，極美麗。

貼著覆土有一片野草，一叢一叢，看起來不起眼，但也開花，花有白有紅有紫，母親說這是「寶釧菜」，她一面摘菜，一面就說起王寶釧

苦守寒窯十八年的故事。

母親愛看戲，她許多知識是從戲中來的，亦真亦假，多半是民間百姓相信的傳說。她一路在戰亂中看戲，看過秦腔的《王寶釧》，河南梆子的《王寶釧》，後來在大龍峒保安宮廟口看歌仔戲版本的《武家坡》，主角拿著鋤頭菜籃出來，她就跟我說：「看，這就是王寶釧。」戰爭中父親長年在戰場上，母親看王寶釧，等丈夫一等十八年，苦守寒窯，大概很有角色的認同吧。

「幸好武家坡上長滿這野菜，王寶釧十八年就靠挑野菜活下來。」她說：「陝西郊外寒窯還在，窯口插一把鐵鏟，窯裡有寶釧畫像，野菜吃太多，肚皮是綠的。」

民間的「傳說」最好別用歷史去考證，但是，老百姓不信「歷史」，他們依靠「傳說」活下來，「傳說」很像讓苦守寒窯的寶釧活下來的野菜，夠頑強、夠野，如何踐踏還可以活著。

我在母親身邊學了很多野菜故事。她摘空心菜也說起比干被挖了心，卻還有法術空心騎馬出城，卻在城門口遇到妖女幻化賣菜老婦，喚叫「賣空心菜」，就破了比干法術，比干從馬上倒地而死。

「空心菜」故事似乎是從《封神榜》來的，自古不信歷史，就有另一種胡謅的本領，去寫小說或編戲劇。

「寶釧菜」母親用鹽醃，加麻油涼拌。這次台東吃的寶釧菜是用麻油加辣椒炒的。數十年不見，見這盤菜，如見母親。老闆見我沉思，告訴我這菜正式名字是「馬齒莧」，台灣民間叫「豬母奶」，「連豬吃了都有奶，你看多營養，有Omega-3的成分呢。」

老闆口氣和母親頗相似，只是母親對「寶釧菜」的認同更有她不可說的辛酸記憶吧。她看《武家坡》，最後薛平貴回來，十八年不見，要試一試妻子貞節，母親看到這裡就有一肚子火，眼中有委屈，禁不住會罵：「這男人，混蛋……」

大寒

臘八

二〇二一年一月二十日

大寒，也是臘八。吃了自己熬的臘八粥，就出外走走。

陽光甚好，曬在身上暖和溫柔。吹南風。

南風強勁，推著人走，卻無東北季風的刺骨寒氣。

渡船到對岸，沿河邊向河口漫步。河岸邊有清法戰爭時遺址，標註著島嶼也難弄清楚是悲是喜，是驕傲還是卑屈的歷史。

戰爭就在這眼前河口，然而今日大河出海，這樣寬闊浩蕩，無一點疑慮扭捏尷尬，一派望洋興嘆的豪邁豁達。

是的，原來莊子說「望洋興嘆」，是說無論驕傲或卑屈，都在河入大海前丟得乾乾淨淨。從此是海，河已經結束了。因此望洋興嘆，那長

長的嘆息裡有一切傲慢過後的領悟吧。

「罷如江海凝清光」，水面上那一抹清光，就襯著觀音山側臥如入睡如禪定的安靜身姿。

容顏

二〇二一年一月二十二日

寒冷之後，突然放晴。

晴了一整天，許多人走到河邊曬太陽。一直到入夜以後，河邊還有人散步。看樹葉都脫落殆盡的樹的枯枝，枝椏飛張，彷彿要去抓天空飛渡的亂雲。

雖然沒有花，沒有葉子，但是河邊的樹看了很多年，他都熟悉，知道哪一棵是欒樹，哪一棵是苦楝，記得它們何時發新葉，記得它們何時開花，記得它們結果實和落葉的時候。

一棵樹要在不同季節認識他們不同的樣貌，如同一個人，可以認識和愛戀他從青年到老不同的容顏嗎？只認識表面青春容貌，畢竟難在心

底深處有深刻記憶吧……

有一位女作家活到近一百歲時，知道離死亡很近了，她並不畏懼，甚至有點高興，因為要去見已經逝世已久的她摯愛的丈夫。但是她又憂慮起來，因為不知道要用哪一個年齡階段的自己去見那親愛的人。他們青年時戀愛，結婚，生子，經歷了長達半世紀以上的共同生活，容顏一直改換。

哪一個容顏可以在死後相見？

是的，如果有一天要去見母親，我應該如何和她相見？她記得的我，是嬰兒的我、童年的我，少年、青年、壯年的我，她會認得出現在已白髮蒼蒼的我嗎？

經文裡說的「諸相非相」，是說每一個階段生命的狀態都在逝去之中嗎？

哪一個我是真正的我？

新葉、開花、結果實、落葉、禿枝，都是樹，也都不是樹。我們執著的或少年、或青春、或啼笑皆非的容顏，在時間中易變流逝，從來不曾停留。看三十年、四十年、五十年縮時攝影的同一張臉，瞬間易變，也就懂了「諸相非相」吧。

前日的寒冷，今日的暖陽，也是天地時時啼笑皆非的容顏嗎？

南枝春早

二〇二一年一月二十三日

大寒後三日，乍暖還寒，去朋友家看開得盛茂繁華的梅花。

遠遠即可聞到風裡一縷一縷梅花獨特的香氣，清雅淡遠，不黏膩，也不甜熟，那麼孤傲，又那麼謙遜安靜，自有品格，果然與其他香花不同。人的嗅覺可以分辨一萬多種氣味，喜悅、憂傷、煩惱、領悟，捨與不捨，都像是情感層次豐富的氣味。

國破家亡，他一個人走在山裡，彷彿追隨一種氣味，最後可以獨自來到荒山絕域，遇到一樹梅花盛放，聞到遠遠近近風裡若有若無的香，忽然像懂了什麼，氣味常常是身體裡最深的開示。

大概是累世的緣分吧，久遠劫來，聞到那孤獨世界裡棄絕哭笑塵俗的氣息，聞到那在家國之外也還自有存在品格的氣息。聞嗅到了，那亡國的畫家，也只是拿起筆來，淡淡畫了一幅《南枝春早圖》。《南枝春早圖》意外隨戰亂顛沛流離，最後落腳在島嶼，有人看見，有人看不見。落腳在哪裡也好，畫家如果知道，大概也只是淡淡一笑，只有他知道，真正的梅花會開在哪裡。

曾經寫過題梅花的句子「水作精神玉作魂」，今日又見此花，仍然如水如玉，還是元章畫裡的精神魂魄。我想在每一朵花前佇立，靜靜認一認自己的前生。

元章自己說的是「不要人誇好顏色，只流清氣滿乾坤」，元章無恙，無言，合十。

寒緋

寒緋，也有人稱為緋寒，是一月下旬大寒至立春間開的櫻花。顏色像山櫻，花瓣複瓣，比山櫻大，三、四朵一簇，遠看一片緋紅煙霞，近看花朵嫣然宛轉，形色都好。

形容紅色的字很多，「赤」、「彤」、「絳」、「酡」都是不同深淺色溫的紅。

大寒節氣裡，「緋寒」像《紅樓夢》寶玉生日宴上醉後的芳官，少女臉頰上的酡紅，也是「緋」，這個漢字倒是在日本與「寒」結合，用來命名早春的櫻花。「寒緋」像一段俳句。

二〇二一年一月二十五日

三棧溪

二〇二一年一月二十八日

三棧溪口，遠眺太魯閣大山，如駝峰聳峙，雲嵐變滅，最是壯麗雄大。

有朋友從國外回來，找到三棧溪口，落了腳，種了很多果樹，也養了羊和雞。羊繁殖，很快家裡就熱鬧了起來。

三棧溪口風景絕美，但也是要有這樣「雞飛狗跳」的人家，風景也才有了日常人情的溫度吧。

我去三棧溪，朋友不在，隔著玻璃看到窗明几淨，有尋常人家平靜的歲月無驚。

砂卡礑

二〇二一年一月三十日

好多年沒有走砂卡礑步道了，岩壁上還是地殼擠壓頑強的皺皺肌理，告訴我幾億年來山石俯仰頓挫的故事。

水還是這樣婉轉纏綿，有時激流奔湍，飛瀑澎湃，如歌如泣，有時靜定澄澈如眼前的深潭，可以細數水底石粒，可以如一明鏡，映照大千，芸芸眾生都一一走過，或哭或笑，或悲或喜，明鏡如此，無動於衷，沒有褒貶，只是讓你看到自己。

三十年前在這裡看到自己，三十年後大寒時節又與自己不期而遇。

流浪狗

非常藍的海邊
三隻流浪狗跑過
牠們聽到的濤聲
是幾億年前一條魚的記憶
重複又重複
我們說過的話
荒廢成海的聲音
很深情纏綿
卻也無比空洞
其實遺忘比較好

二〇二一年一月三十一日

魚的遺忘
或者，狗的遺忘
或者，大海的遺忘
在許多次輪迴之後
終於懂了一點因果
濤聲總是周而復始
腳步後
每一粒石子
都是遺憾
不是拾起，就是丟棄

春消息

二〇二一年二月二日

即將立春了，許多去山裡的朋友都說今年梅花開得特別好。

多年前去鹿野鸞山部落，看到幾處梅樹林。最初是為了梅子果實的經濟價值開闢的，近來梅子價格跌落，梅林也就荒廢。大寒前後，一陣寒流，夠冷，太陽一出來，天晴了，我紀念起這片梅林，便再次驅車到了鸞山。

荒山野林，果然寒暖交迭，逼出了一大片漫無邊際白嘩嘩的梅花。走進這無人管理、廢棄的梅花林，梅花盛放，千朵萬朵，香味四處流蕩。微微的風裡，花瓣自開自落，偶然一陣強一點的風來，花片就像雪片，飛揚飄灑，時聚時散，在風裡迴旋。

想起流落在華盛頓亞洲弗利爾藝術館元朝鄒復雷的一張《春消息》，一張長卷，梅花盛開，卷尾拖帶一支梅梢，果然是捎來最早的春天的消息。元朝畫家都愛畫梅花，亡國滅族之後，知道嚴寒凜冽終究要過去，寄望春天已在梢頭。

鸞山布農部落多年來努力保護傳統自然領域，與外來財團惡質開發污染對抗，維護了土地山林的純淨。曾經隨他們祭告祖靈，也如「春消息」，一瓣馨香，都有清氣常在乾坤。

立春

祝願

二〇二一年二月三日，夜晚十時許交第一個節氣立春。

長久以來，立春都有許多儀式，如撒豆跳儺，祓除邪穢災厄，祈祝一年平安吉祥。

每個人可以有自己祈福除穢的儀式吧……

今天清晨知本清覺寺禮佛，見梔子花初綻，潔淨無染，清香淡遠，我便以此為立春的禮物吧……

祝願山，祝願海，祝願大地與長河……

祝願傷痛、恐懼、疫病遠去，祝願嗔恨仇怨和解，祝願罪愆業報消除，祝願心無罣礙，無口舌是非，無痴愛纏縛……

二〇二一年二月三日

祝願逝者解脫，存者都無恙……
大劫難大災厄或許無倖免，但願一朵花前單純的告解，一念之誠，
可否是眾多顛倒夢想的救贖？

苦楝之一

二〇二一年二月五日

立春後二日，在花蓮港附近的步道散步，步道兩側多高大苦楝樹。很開心看到今年的苦楝剛冒出的新葉還稀疏幼嫩，但的確是早春的新葉了，在陽光下發亮，令人喜悅。

枯枝上還懸吊著上一個冬天沒有落盡的苦苓子。

應該再過兩星期，到二月底，樹梢就會布滿綠葉，那時粉紫色的苦楝花也要在春風裡搖曳成一片吧。

可以期待，那時走在這步道的行人，都會四處張望，尋找暖風裡的花香從哪裡來吧……

二〇二一年二月七日

林投

二〇〇九年，我曾經在花蓮師院舊校區住了一年，當時這所一九四七年就成立的師範學院已經合併入東華大學。

東華大學校長帶我看了壽豐新校區，也邀請我駐新校區。但我最後還是決定住在美崙的舊校區。

東華建校之初，我知道邀請了美國著名建築師設計，他在台灣停留不久就回美國，他的團隊在電腦上規畫了一個山海環境都美麗的新校園。

但我對建築有偏執，總覺得人的建築應該和自然對話，自然是風，是日照，是山，也是海，其實也就是傳統說的「風水」，不是電腦繪圖

就能設計得體貼的。

舊美崙校區的建築很簡樸，離我喜愛的三棧溪太魯閣不遠，到七星潭海邊也只是十分鐘，何況校園有超過半世紀歲月的印度紫檀和巨大鳳凰木。學生老師多因合併離開，去了新東華。那一年舊校區也特別寧靜，走路看書畫畫都好。

黃昏後我常去一處叫四八高地的軍事基地走路，四八有高牆圍著，看不見裡面，但偶爾會聽到像是靶場的射擊聲。沿著圍牆規畫了一條自行車步道，向下走約莫半小時就看到七星潭海邊，可以聽著濤聲一直到入夜繁星滿天。

這條步道沿路都是黃槿、海桐、林投這些海岸植物，保持了原始的自然景觀。

林投是我童年熟悉的植物，淡水河沿岸早期也多是野生密密的林投樹林。林投樹枝莖扭曲，叢生的葉片都有堅硬的利刺，像刀戟一樣。葉片枯黃就像披頭散髮鬼怪故事的女人，夜晚風吹，極其恐怖。

林投姐的傳說是台灣民間流傳最廣遠的故事，故事細節版本不一，但林投姐是冤屈絕望在這樣的樹林上吊死的，她的鬼魂也始終在這樣的樹林間徘徊。她總是手裡撐一把黑雨傘，等船來，要渡去無主魂魄的嚮往之地。

小時候在林投樹林玩，摘鳳梨般的林投果當球踢，但還是不解這樣的矮樹，林投姐要怎樣上吊？她走進樹林，身體已經要被劍戟一樣的葉叢割得遍體鱗傷吧。

童年聽林投姐故事有著說不出的悽愴，是多麼憂苦的怨恨，會使魂魄始終不得散去解脫呢？

童年河岸是遺棄貓狗死屍的地方，每次靠近林投樹林，風裡就瀰漫著垂吊或漂流在樹林裡貓狗屍體腐爛的臭味，像是冤屈不散的亡魂仍然苦苦追索前世的冤親債主。

今日陽光亮麗，每一株林投樹都在蔚藍的天空下發亮，第一次看到這麼愉悅健康的林投樹。冤屈或可逝去吧，島嶼的野悍的生命，在驚濤駭浪的海濱，或可以丟棄那黑雨傘庇護的悲情，有更頑強迎向大風大浪的豪邁之氣吧！

新畫

舊曆年前，縱谷農家忙著插秧，今年立春早，農民必須在年前趕著把秧插完，因為育苗場也要有一星期的年假。

有幾塊田已插好秧，幼嫩青翠到令人不忍的小小秧芽在陽光下發亮閃耀，是都會裡很難體會的標記著立春的欣悅。

我在一張二百四十公分的畫布上畫著上一個秋天縱谷的芒花，起伏的山嶺在湛藍的天空下一片乾淨的秋光。

二〇二一年二月十一日

那是上一個白露到霜降時節縱谷的風景記憶，那時心裡有許多對疫情中逝者與罹患者的惦念。現在一樣，除了祝禱，也不知可以再做一點什麼。

插秧後的農田盼著雨水，再過一星期節氣就是雨水了，窗外雨聲不斷，濕冷寒涼，但相信這不斷的雨聲是縱谷農民喜歡聽到的吧！

除夕，合十敬拜天地，眾生無恙。

台北的天空

二〇二一年二月十三日

是春天了，乍暖還寒，時雨時晴，殘冬的枯枝，與初春剛發芽新綠的嫩葉，同時並存著。一切都在交替，舊的和新的，殘紅和新綠，如同我們自己身體的新陳代謝，如同今日台北的天空，雲朵四處飛揚，倏忽明，倏忽暗。

我能理解更替的意義嗎？我能理解自己生命的青春到衰老，死與生的更替嗎？

我們能理解一整個族群基因的傳遞、更換、突變或努力延續的意義嗎？

「儵」、「忽」是《莊子．應帝王》神話裡兩個名字，「儵」、「忽」

都是瞬間逝去的時間，它們想送「混沌」禮物，送的是生命的七竅，「日鑿一竅，七日，混沌死」。

莊子說了一個有關永恆的哀傷故事。

這是我熟悉的台北初春的天空，也是許許多多城市此時此刻更換自己面貌的天空。跟每一根枯枝、每一片敗葉說再見，跟每一簇新芽、每一朵花苞蓓蕾說早安。季節是我們的季節，每翻一頁，都是一次更新；天空是我們的天空，它看著你青春，也看著你衰老，看著死亡，也看著誕生。

新年前後眾生都走向廟宇，向諸神佛祈求平安庇佑。眾生各有憂喜悲歡，一路走去，有坎坷，有顛躓，有起有伏，路上偶然平安，便是最大的祝願。

疫病圍繞，仰視浮雲，祝願我們的城市，我們的天空，平安如此，開闊如此，明亮豁達如此。

木棉

木棉花季還早，但是河岸向陽的幾株木棉都發芽了。在冬天的禿枝梢頭透露出靦腆還有點羞澀最早的嫩葉。

清晨映著陽光，那初春才有的新綠讓人歡欣。

木棉一年四季有不同的面貌，四月左右花葉扶疏茂盛，尤其是豔紅絳橘色的花朵，大朵大朵，開滿一樹，像是熱烈的火焰，盡情燃燒，明豔招搖，引路人指點讚歎。

這個時節，整株木棉都還是禿枝，只有這微小的嫩芽，從長長的睡眠中醒來了，探頭探腦，在新年的陽光裡舒展身體。它伸了一個懶腰，打完呵欠，不再膽怯，決定好好舒展自己，面對這一片浩大的春光。

二〇二一年二月十五日

香楠

二〇二一年二月十六日

朋友家在山上，院子裡有一棵頗有年歲的香楠樹。即使很平凡的樹，夠老了，就有奇磔的姿態，雍容大氣，有一種看慣了風吹雨打、日升月恆的靜定自在。

一陣子沒看到這棵樹，就會十分想念。

初春朋友邀約，便開心上山。走在山路上，心裡想的是那一株香楠，一年多不見了，是否仍然寬裕繁盛，綠葉成蔭，覆蓋廣遠。

主人知道我惦記這棵香楠，一開門就說：「你一定高興，香楠開花了。」

啊，來這麼多次，倒是第一次遇到香楠開花。

好像是好朋友家有囍事，添了孫子，滿心歡喜。我便湊近看香楠的花。一簇一簇淡淡的淺綠青黃，和新發的嫩葉的綠參雜在一起，並不十分顯眼，但是一棵大樹開滿了這樣的小花，也很壯觀。

香楠是硬木，因為質地夠堅定，常常被選來做建築材料，古代上好的棟樑、棺槨，都用楠木。蘭嶼達悟族的拼板船用楠木，可以雕刻美麗繁複花紋。台灣民間做糕餅的模組，也看上楠木質地紋理細緻，用來刻出各種模具的花樣。

香楠的樹皮有黏液，可以做寺廟線香的黏合劑，在祭祀神佛俎豆馨香之間，香楠氣味也隨心念之誠化作一縷裊裊青煙升去天際。

初次見香楠開花，彷彿有眾生託付，心中默禱：此年此月，開春吉語，見香楠開花，可以除災疫，避邪穢，無咎無吝。

雨水

水田

節氣雨水，想念起縱谷一片等待插秧的水田。

曾經在年前偶然經過，看到一片還未插秧的水田，我向車窗外祝福。

土塊翻耘過好幾次，耘完的田，慢慢從水圳引來了水。水滲透田土，讓田土像適合受胎的母體。

田土從乾硬變得柔軟了，田土從冰冷變溫暖了，田土濕潤細緻，適合植入幼嫩的秧苗，適合讓胚胎著床，適合生命落土生根。

春光爛漫，我要回去看一片陽光下新翠的風景。

二〇二一年二月十九日

斜成夕陽

二〇二一年二月二十一日

雨水才過
將要驚蟄
春光甚好

看花和新葉歸來
猶記得蝴蝶追蹤斑斕
記得氣味繽紛

恍惚是上古洪荒的天上星辰
無以命名

青埂峰下
也只是一塊頑石
修行還早
醒悟也還早
繁華還早
幻滅也還早

室內留一片和暖日照
依窗的位置
和自己一起

可以坐臥小寐
夢中喝過酒
夢中哭過
醒來後就看著睡夢的田野
看著不知名的病毒微笑

悄悄走過
回憶都在身邊
歷歷在目
隨手可得
像圖書一冊一冊編目列管
歸檔完成

擱置書架上
不再翻閱
不再觸碰

應該有一部關於遺忘的文明史
如同疫病大劫難過後
一個一個死亡的長長名冊
最真實的歷史不過只是證據確鑿的
死亡名單吧？
文明過後
圖書館就設在廢墟
歷來帝國的編號索碼

就是：廢墟一、廢墟二、廢墟三……
可以排列到一百、一千、一萬、千萬……
一個下午沒有做什麼
喝一杯茶
茶水中有春風搖晃樹影
慢慢等日光斜成夕陽

紅花風鈴木

二〇二一年二月二十二日

植物園一株高大的紅花風鈴木盛開了，遠遠襯著一片藍天，分外明豔醒目。

許多人繞小徑走近來看，樹下恰是一池塘，水面上也漂浮落花。這爛漫春色無邊，從天上墜落，浮蕩水中，遠颺四處草地，「花謝花飛飛滿天」，使人想起《紅樓夢》第二十八回前後大觀園的青春盛事，寶玉偷看禁書《會真記》，黛玉自擎荷鋤，埋葬她的落花。

只是初春，風鈴木還未像台南開到如火如荼，島嶼南端的花之盛宴或許讓所有生命的肉身都蠢蠢欲動吧……

就要驚蟄了，等待睡夢裡被一聲炸響的春雷霹靂驚醒。沉睡蛹眠蟄

伏的身體都要甦醒，磨墨寫年輕時的詩句，向春天致敬：

此生是蛹
來世要化作遍山的蝴蝶
此生是種子
來世要飛成漫天的花絮

留白

二〇二一年二月二十四日

淡淡的初春，城市裡最容易看到的是杜鵑，紅紫的、橘色的、白色的。路邊安全島上、公園裡、校園，無所不在，奼紫嫣紅，開得一叢一叢，密密麻麻，像是滿溢出來的春天的魂魄，流蕩成都市的花之河，花之海。

最常看到的花，卻也可能是最不容易被注意到的花吧。

開得太茂密了，擠成一堆，有時候反而會忽略單一一朵的花形。很難用古典寫實的方法寫生一朵杜鵑，也許更適合印象派色彩與光影大片的錯綜揮灑。如同這一叢杜鵑，我看到的是不同層次在光影幻變中白色的迷離，帶著淡青淺綠的白、灰階的白，被陽光照到特別明亮的雪白、瀅白，也有偏暖色系帶著一點黃的米白、乳白……

白色不是一個扁平的字，白色在視網膜上有四百種，佔色譜的最大幅度。白很近似鏡子，反映各種顏色，反映藍，是月白，反映紅，是粉白。珍珠白和玉色的白，也反映不同色溫的光。白又不完全是鏡子，反映各種色相，卻沒有失去自我。

「白」和不同文字組合成千變萬化的詞彙，顏料裡的鋅白、鈦白、銀白、蛤粉、胡粉之白，也許都不如在春日陽光下細看這一叢杜鵑，可以領悟張若虛「空裡流霜」的白，或者「汀上白沙看不見」的白。「看不見」是白在視覺上的極限嗎？月光裡的飛霜，月光下的白沙，都是視覺的空無了。

「白」在東方美術裡從視覺轉向內在的心境，宋代畫面上出現「留白」，「留白」是不畫，但是比「畫」更重要的存在。領悟了畫面如同生命，都不要塞滿，留一點空間，多一點餘裕。

「留白」是心境上的空白，像一個房間，擺置家具是「有」，不放家具是「空」。我們行走坐臥，有時「有」，有時「空」。

王維詩「江流天地外」，是視覺的空白，王維詩「山色有無中」，也是視覺的空白。「此時無聲勝有聲」是聽覺的留白，「淡」是味覺的留白，「解脫」會不會是觸覺的留白？

松風過處，我嚮往濃郁花香過後嗅覺上的留白。

事件堆疊，記憶太多，是非紛紜，我嚮往的留白會是遺忘嗎？

「五色令人目盲，五音令人耳聾」，老子很早就提醒了感官氾濫的危險，「馳騁畋獵令人心發狂」，我們目迷五色之後還找得回心靈的留白嗎？有一天，愛恨過後，我希望能懂「捨」是「不捨」的留白。

看了很久的這一叢杜鵑，日影移轉，彷彿我的視覺也是執著了。是的，「捨」是「不捨」的留白。

圓滿

圓圓的一輪明月從海邊的樹梢升起。

辛丑年的第一次月圓，傳統民間的燈節，上元節，元宵，許多願望，許多祝福，在這一天祈祝一年的圓滿。像這一輪明月，是從一日一日的殘缺慢慢積累盈滿，成就一次月圓。

生命的圓滿也是包容著許許多

二〇二一年二月二十七日

多的殘缺遺憾吧。把殘缺留著，把遺憾留著，有一天，拼拼湊湊，就會是完美的圓滿。

記得包容，記得原諒，殘缺、遺憾，也就都能成就圓滿。

大葉欖仁

二〇二一年三月一日

台灣山野海邊常常看到的原生種大葉欖仁樹，都市漸漸看不見了。都市的行道樹多是秀氣優雅的細葉欖仁，春天發翠綠嫩葉也很好看。但我更喜歡鄉野海域的大葉欖仁，它們像流浪狗，生命力強韌，耐風、耐鹹、耐炎熱烈日炙曬，野生野長，不需要人類過度呵護嬌養。

大葉欖仁樹長到十幾公尺高，枝莖寬闊蔓延，如傘張開，樹葉有巴掌大，風吹時嘩啦嘩啦響，層層疊疊的濃蔭，也是夏日遮陽庇護的好所在。城市裡慢慢不見大葉欖仁蹤影，不知是否因為它的枝莖蕪雜蔓延、落葉難清掃整理，沒有行道樹的規矩。

野生植物動物不是寵物，它們自有在大自然中存活的生態信仰，它們原本不是要遵守人類規定的秩序。

大葉欖仁花期過了，會結形狀像橄欖卻略大的果實，這也是「欖仁」命名的來源吧。

冬天的欖仁樹，葉子會變紅脫落，據說脫落的紅葉煮汁泡茶可以治熱毒，我沒試過，但常看到鄉下有人撿拾。

上一個冬天夠冷，島嶼東南海隅的欖仁樹葉子全脫落盡了，只剩結構齊整如繁複燈台的禿枝。

過了雨水，初春天氣回暖，禿枝上開始冒出帶著一點嫩紅的綠色新葉，生氣昂然，每一朵都像是神的祝福，這樣欣悅歡樂。

都會文明有都會文明的便利，四季依賴空調冷暖氣，自己把自己豢養成了寵物，太過嬌養。偶然走到野外，天地寬闊，海風吹拂，看春天野生植物如何用這樣大氣華麗的方式迎接春天，令人讚歎警醒。

眼睛

好久蒙著口罩
只看到眼睛

縱谷微雨
細雨如霧的眼睛
剛剛插秧的水田
乾渴的溪流
岩石上的青苔
才冒出新嫩葉的樹
枯黃的草
乾裂凍硬的土地
也都睜開大大小小懞懂的眼睛
抬頭看雨

或者還有我看不到的
從冬眠裡醒來的蛇
慢慢攀爬的甲蟲
蝴蝶飛蛾正羽化的蛹

二〇二一年三月四日

蠕動的蚯蚓和蝸牛
破殼而出的鳳頭蒼鷹的雛鳥

整座山
大地長河
有多少剛剛醒過來的眼睛
望著霧濛濛的細雨
沐浴春天的溫暖
在微雨裡喜悅微笑

這是初春
飛雨如絲

無聲無息
輕拂大地
潤澤萬物
把恩寵和祝福帶到四處
滋養無所不在的生命

每一個春天都是最後一次春天
戴著口罩
看不到全貌的時代

知道要告別
卻遲遲捨不得告別
期待有許多眼睛
大大小小的眼睛

看著每一年這時候的春天
看著縱谷微雨
看著微雨裡萬物的甦醒
拿掉口罩
向春天致敬

驚蟄

苦楝之二

二〇二一年三月九日

驚蟄後島嶼的苦楝陸續開了，開得最讓我驚歎的還是東部幾株有歲月的老苦楝樹。

生長在不會被「修剪」威脅的空間，枝莖可以任意伸展，沒有拘束，沒有委屈。開成飽滿的圓形，像一頂皇冠，裝飾著滿滿的淺粉色如珠鑽般的花朵，一簇一簇，陽光下閃閃發亮。

最早人類的王，就是從一株春天滿開的樹形有了皇冠的聯想吧？可惜，人類歷史上還沒有任何一頂鑲滿珠寶的皇冠比得上一株春天開花的樹。真正的帝王，應該是把春天的花當成冠冕吧，當成自己的冠冕，也當成眾生的冠冕，知道生命當如此受祝福寵愛。

東部那株盛大的苦楝樹，我在樹下享受花香，落英繽紛，覺得美，但是拍不好，總覺得拍不出一整棵樹的富麗圓滿。

美濃龍肚國小的福裕傳來他拍的校園苦楝，那是有百年歷史的老學校，福裕也是愛花的人，我們常傳送花朵的訊息，我不認識的花草蝴蝶，也都會問他。徵得他同意就用美濃的苦楝花開做這一個春天給大家的祝福。

在台東康樂國小，也看到今年苦楝花的盛放。

錯過

二〇二一年三月十一日

朋友家陽台的白流蘇前天盛開，她開心地放了自己一天假，在家裡陪伴只有一星期的花期。今天她又告訴我：提前回家看花。

我們一生可能錯過很多事，錯過一個春天的花季，錯過應該陪伴的人，錯過跟怨仇的朋友說一聲：抱歉，錯過和關心的人說：謝謝……

是的，我們錯過了很多事，像小津安二郎《東京物語》裡的兒子，因為放不下鐵路局的好職業，錯過了回家鄉陪伴母親臨終。

我們錯過了很多事，因為覺得還有別的事更重要。二〇二〇年一月底去倫敦，排了滿滿的計畫，二月初去南非好望角，二月底絕不能錯過比利時根特博物館難得一見的《凡．艾克：光學革命》大展，三月要看

巴黎碧娜·鮑許久未演出的《藍鬍子》，四月要去嚮往已久的義大利一個島上的小村莊……每一個計畫都很重要，每一個計畫都不能錯過，錯過了終生遺憾。

然而，疫病快速蔓延，每一個覺得可以置身事外的地區一一捲入，無一倖免……一年裡兩百多萬人死亡，數千萬人感染，親人與親人不能相見。

第一次這樣當頭棒喝，如果死亡近在咫尺，什麼才是終生遺憾的事。我們活著，錯過了什麼？

這個春天這樣美麗，這個花季如此絢爛。彷彿因為倖存，不想再錯過這個春天，不想再錯過每年都如期忠實綻放的家門口或公園裡的花期。

還有更重要的事嗎？想去跟怨仇的人說：抱歉，想跟錯過的事說：

抱歉，想跟許多錯過的每一年的春天說：抱歉……

城市媒體有時嘮叨著許多瑣碎的事，也許，我的朋友是對的，陽台上白流蘇盛開是一件大事，值得放自己一天的假，在花前沏茶，看書，或喝一杯小酒。

卿卿

二〇二一年三月十六日

城市公園的這棵頗有歲月的白流蘇，一到春天，總是開得富麗圓滿。也因為靠近醫院，春天晴日，許多住院病患也來公園賞花，或剛動手術，還提著引流管的瓶子，或坐著輪椅，艱難肉身，蹣跚來到樹下。抬頭看花，也都恍惚看到或想到了自己青春健康的時日，不覺在蒼老憔悴裡有了一絲微笑。

十年前住過一次醫院，很感謝這棵樹的陪伴。每年的驚蟄春分前後，都會來樹下致意。適逢舊曆二月二日，也順便到離樹很近的土地廟去給生日的福德正神行禮。長久以來，民間懷念感謝的是土地，也是這些經歷過許多歲月風霜的樹吧。

曾經在南方某處祭拜花神的廟裡看到一幅印象深刻的長聯：

風風雨雨寒寒暖暖處處尋尋覓覓
鶯鶯燕燕花花葉葉卿卿暮暮朝朝

聯語全用疊韻，而這樣自然，風雨寒暖，鶯燕花葉，一生處處尋覓，也只是想與「卿卿」相陪伴，暮暮朝朝。這「卿卿」隱晦，或許是人，或許是年年復年年的花期吧。

春分前五日我照例繞到公園，花如期盛開了，但不知是什麼原因，或許生病，有一側枝幹剪除了，今年的花開的樹形沒有往年那樣盛大。但是樹下還是來了很多人，他們也有合十敬拜的，或許病痛時來過，痊癒了，就年年記得花期，記得致謝感恩。

愛鳥，何不多種樹？

二〇二一年三月十七日

清晨被鳥雀的啁啾吵醒，比聽著音樂醒來還開心。

藝術其實若沒有大自然的色彩聲音做基底，畢竟好像少了什麼。聽天籟比聽人籟重要，山間明月，江上清風，開啟聽覺，也開啟視覺，應該時時感受。只進音樂廳，只進美術館畢竟容易侷限了自己的視覺與聽覺。

「美術」二字耐人尋味，「術」是技術，技術千萬，未必成就一「美」。被「技術」綑綁，更無成就「美」的可能。學院只重技術，沒有「美」的引領，創作便無生命可言，藝術趨附政治權威，藝術受市場操控，美術館失喪了藝術真正的核心價值，早已與「美」絕緣，距離十萬八千里。

你在美術館看到美了嗎？還是你想回來聽一聽江上清風，看一看山間明月。

一樹的鳥，各自像獨立的音符，在枝梢跳躍移動，譜寫著春天破曉晨光的交響詩，白居易寫〈琵琶行〉之前應該聽過，貝多芬譜曲〈田園〉之前也應該聽過。

鄭板橋有一篇重要的文章〈鳥賦〉，直說他厭惡把鳥關在籠子裡，他非常重要的觀點是：愛鳥，何不多種樹？這是十八世紀清代偉大的人性啟蒙思想，與歐洲同時盧梭等人的「生而自由」的哲學啟蒙運動相互輝映。

今天處處是受工業都會資本政治與市場箝制的「藝術」，處處是虛假偽造的「文化」潮流，學院推波助瀾，製造各式各樣把鳥關在籠子裡

的「審美」。

此時此刻，讀一讀鄭板橋的〈鳥賦〉，也還是可以讀懂一句可貴的警語：「愛鳥，何不多種樹？」

垂枝茉莉

二〇二一年三月十九日

城市中心區的一家書店，有很好的咖啡、點心，一個下午可以靜靜看著書，有時漫不經心，看午後日影在許多盆栽的花上移動，不急不徐，像我們自己在歲月中緩緩流逝的生命，沒有特別喜悅，也沒有特別感傷。

書店員工很細心照顧每一株植物，最近一盆垂枝茉莉盛放，白色的花，一串一串，像涓涓瀑布，傾洩而下。過路的行人也注意到，停下腳步，來到花前讚歎。

人生或許沉重黯淡，停下來看花的人，可以暫時走出沉重黯淡，彷彿忽然看到自己生命在時光流逝中卻也一時綻放了如煙花般華麗的光。

春分

歐修士的花園

二〇二一年三月二十四日

台東聖母醫院有非常迷人的花園，各種原生和外來品種的植物花草，分門別類，都有牌子註明拉丁文和漢字的名字。

歐洲的傳統修道院通常也都有很專業的花園。花園不只是觀賞，修道院依靠這些植物生活，有些是日常生活食用的蔬菜水果，有些是藥用植物，薰衣草、迷迭香、馬鞭草，有的舒緩情緒，有的安神，至今也還在歐洲人的生活裡有實際影響。

一個花園可以清楚看到後面管理經營者的用心。許多人知道現在仍帶領台東人登山、關心環境保護的歐思定修士（Brother Augustin Büchel），我走在他經營近六十年的花園裡，讓我看到他如花木一樣芬

芳的生命情操。

一九六三年，歐修士二十七歲，從瑞士來到台灣，不只在聖母醫院服務病患，也用將近六十年的時間在台東種植研發各種花草樹木。我想稱這個花園為「歐思定花園」，可是我想他只願意花園用來榮耀「聖母」，榮耀他心中的信仰。

花園一畦一畦的花圃，有的是藥用植物，有的供觀賞，有的是台灣原生品種，有的是外來引進。一個花園可以看到經營者的品格教養，勤勞細心，有恆心毅力，有篤定的信仰，卻又包容而且溫和。如同我注視了很久的四季桃喜聖誕紅，原產墨西哥，卻是很受歡迎的新品種園藝植物。

色彩和形狀都讓我想到敦煌壁畫常出現的寶相花圖案，像菩提葉的單片葉瓣，組合成富裕圓滿的圖案，桃紅的漸層像少女喝了酒以後臉上暈開的酡紅，豔而嬌羞，這樣貴重華麗，又這樣溫暖謙和，也許就是花園主人的品行吧。很適合用來做祝福的圖像，喜氣、圓滿、吉祥，可以給人間帶來福分，祓除災厄，忘了憂傷。

花園有台灣民間習慣的三葉五加，煮茶可以活血通經絡，也有西方常用的馬鞭草，飯後可以舒緩神經。在花園走了一圈，感佩一個異鄉人用六十年時間落地生根、開花結果的踏實經驗。

花園有水池，水生植物如蓮花菱葉漂浮水上，這個季節，池邊正好鳶尾花盛放，粉紫嫩黃，水光瀲灩，讓我想起法國著名的吉凡尼的莫內花園，而歐思定花園對我似乎更親切平實，近在身邊，可以一步一步走進去，認識一個深邃的心靈世界。

榕樹公

二〇二一年三月二十七日

池上稻田旁有土地公廟，廟旁有一棵大榕樹。村民們在樹下立了一座大約一公尺見方的小廟，廟裡供奉「榕樹公」牌位，有一只香爐，四時祭拜。

農村對大樹都當作神祭拜，自然不會隨便砍伐。民間信仰有民間信仰的因果，尊重四時，尊重土地，尊重自然。

人類如此破壞大自然，森林遭破壞，天地失了循環的平衡，氣候變遷，海水上漲，該下雨的季節不下雨，原來水源充沛的地區開始乾旱。

每四年一次的選舉造就許多短視政客，囂張跋扈，誇誇其談，然而水壩水庫的興建，不是空口說白話，水源的開闢儲蓄，都不是四年的

福
榕樹公

事，森林的護育，更是百年大業，四年的短視政客如何解決？

眾生要開始受缺水的痛苦了，能不能回頭省悟我們曾經如何糟蹋自然、破壞自然。我長大的台北市，半世紀間有多少老樹消失？有多少水圳水渠消失？有多少溪流乾涸？

「風調雨順」掛在家門口，是數千年來家家戶戶的祈願，也是提醒，然而現在可以為了四年短視的經濟利益，破壞數千年才形成的自然生態。大自然要反撲了，森林大火、乾旱缺水、大地乾涸、霧霾籠罩、海洋污染……一邊繼續破壞自然，一邊喊缺水，我們不知道天地的因果嗎？

希望能在這小小的榕樹公祭拜前低頭反思，傳統農村敬天敬地、尊重自然生命的態度，是不是應該重新被重視的智慧？

清明

即將清明
寺廟有誦經聲
山裡細雨紛紛
雨中猶自靜靜綻放山茶花
花瓣上流著彷彿宿世的憂傷
要到哪裡去轉世輪迴？

幾世修行
可以成為清明的一朵花

二〇二一年三月二十九日

每一朵都像你的魂魄
屢次夢中回來
記得卿卿呼喚
記得飛雨落花
記得拭淚微笑不語

解脫是蛻去了不難放下的恨
解脫是蛻去了不容易忘記的愛
恨怨是糾纏
愛是更難解開的糾纏吧……

清明，原來是清淨潔白明亮無染
在人間的祭奠裡
不管長長的思念
不管長長的遺忘
最終，雨霽天晴
淚都從花瓣滑落

只有微笑
端坐佛堂之上

燈

大里菩薩寺
佛前一盞燈
銅掐絲底座
鎏金反瓣蓮花
嵌青金石七寶

香油海缽
一焰熒熒
般若光明

二〇二一年三月三十一日

一焰熒熒
可分千焰
一燈熒熒
可燃千燈

合掌頂禮
千焰千燈
光明般若
永續無盡

清明

十字——悼台鐵罹難者

二〇二一年四月五日

台東聖母醫院教堂
牆壁上的十字架
最簡單的符號
水平與垂直相遇

不言不語
超過半世紀
在安靜的牆上
曾經有多少人來過

曾經是多少人的寄託
痛苦的時候
憂傷的時候
無助的時候
絕望的時候
來到這裡
聽神的聲音
聽自己心靈的聲音

最簡單的符號
分擔你的痛苦
了解你的憂傷
最簡單的符號
陪伴你度過無助
陪伴你度過絕望
肉身逝去
魂魄歸來
簡單的兩條線
空間與時間相遇
無言無語
度一切苦厄

紅藜

二〇二一年四月八日

東部的紅藜成熟了，嫩青赭黃的穗逐漸轉成鮮豔美麗的桃紅，有的紅如珊瑚，有的紅如血，繽紛的色彩，一串一串，長長的，在風中飄拂，像伽路蘭海濱朝日彤雲，也像都蘭山返照晚霞的金赤熠燿。

紅藜田旁也有一片小米田，種植的朋友很開心，告訴我：「再過一星期就可以採收了。」辛勞的都有辛勞的回報，他們也不驅趕來啄食的小鳥，他們笑著說：「我們吃小鳥吃剩的。」

痛可以分擔，笑容喜悅也可以分享，天無私覆，地無私載，生命並不孤單。

受痛苦的身體也回來受這紅藜的祝福嗎？

花旗木

二〇二一年四月十一日

鹿野山邊一處花旗樹林花朵開到滿盛了。一大片明亮的深深淺淺的粉紅，遠看像吉野櫻，近看時花朵比吉野櫻大些，單瓣，花心吐出很長的黃色蕊絲。

花旗木的花蕾顏色紅豔，綻開以後，色澤轉淡，近於粉白。花朵很密，深紅淺紅，層層疊疊，在春光裡隨風搖曳，部落少年騎車上學經過，也脫帽歡呼「hole」，好像打贏了一場棒球。

上一次看盛大的花旗木是在清邁的素帖山上，山路兩旁，也是一大片一大片的粉白粉紅。當地人說是「櫻花」，我知道不是，但花旗木的確也被稱為南洋櫻花或泰國櫻花。「Sakura」成為強勢標誌，亞洲許多

地方也就跟進，失去自己命名的自信了吧？有人說，今年東部雨水少，樹木有危機感，因此努力開花繁殖，讓生命延續。

最近開得最盛大的是龍眼花和花旗木。花旗木抽長的枝條上滿滿的花朵，蜜蜂、蝴蝶、小鳥都來花叢湊熱鬧，想起杜甫詩裡說的「千朵萬朵壓枝低」，那大概是憂苦家國蒼生的杜甫難得喜悅時刻吧。

「留連戲蝶時時舞，自在嬌鶯恰恰啼。」在黃花間流連忘返，看蝴蝶也看黃鶯。杜甫文字太好，「時時舞」與「恰恰啼」都像是眼前即時風景寫生。

蝴蝶和黃鶯的確也都來了鹿野，和部落早起上學的孩子一樣，向這片爛漫繽紛春光歡呼致敬！

香遍三千大千

二〇二一年四月十九日

佛前一株盆栽梔子花今日盛開十五朵，一室馨香。

焚一炷香，讀吳國支謙譯的《佛說梵摩渝經》。

大約一千五百年前，敦煌洞窟一位僧侶小字抄寫。原件二十世紀初被帶到巴黎，收藏在吉美博物館。上世紀七〇年代，日本二玄社影印出版。

讀到「一身分十身，十身分百身，百身分千身，千身分萬身，萬身分無數身，無數身復還一身」。佛的說法開示像美麗的詩。

梔子花亦如是，香遍三千大千，又復還為一身。

穀雨

喜雨

二〇二一年四月二十五日

穀雨後三日，縱谷下雨了，從鳳林南下，過瑞穗、到富里，一陣一陣好雨，稻田的綠色裡泛起濕潤華麗的光。

前幾日乾旱，池上人憂慮，梁大哥說：「五月一定要有雨，稻穀才長得飽滿。」農民的語言很簡單，他們說的是生活裡很踏實的經驗。

記得蘇軾在扶風做官時，也逢乾旱，他連續記錄了那年舊曆四月二日（乙卯）、十一日（甲子）和十四日（丁卯）的「不雨」。他問同僚：「五日不雨可乎」、「十日不雨可乎」，得到的答案是：「五日不雨無麥」、「十日不雨無禾」。當時的乾旱缺雨也讓做地方長官的蘇軾很憂心煩惱吧！

蘇軾整治官舍，蓋了一座亭子，亭子蓋好，正巧下了一場雨，蘇軾很高興，解了心中憂慮，亭子就命名「喜雨亭」。一千年後，百姓懷念他，讀他寫的〈喜雨亭記〉，因為感念這樣的官吏與農民一起為麥禾缺水關心吧。

縱谷今日人人「喜雨」，如同蘇軾寫〈喜雨亭記〉當年。

鬱金香

二〇二一年四月二十九日

盛放的鬱金香，金橙淺絳，如琉璃琥珀的光，花瓣跌宕婉轉，細看時也有波瀾洶湧、驚濤駭浪的壯闊。

一朵花，可以遠觀，也可以近看，所得不同，領悟也不同。

佛以一朵花示現迦葉，他於是微笑了。

蜜香紅茶

二〇二一年五月二日

夜宿富里六十石山茶園民宿。

六十石山，「石」有人唸「但」，說是早年水田一甲地收六十石稻穀。

民宿主人不以為然，他反問：「山這麼陡，可能有水田嗎？」主人幼時隨父母遷來此地，他說八七水災後，雲林一批閩南人前來此地拓荒，所以都以「雲閩」為地名。他說的「八七水災」是上一世紀的台灣史，年輕人大多不知道了。

主人談起當年摸著石頭上山，大約要走兩個小時，一路數著石頭，所以台語「石山」的發音還是「石頭」的「石」。

或「但」或「石」，有不同說法，就放在心裡參考，不用偏執，急著下結論。

現在的六十石山有近三百公頃金針花田，八、九月看花人潮洶湧，熱鬧非凡。

我喜歡的是春夏之交的六十石山，人少山靜，穀雨立夏之間，雲嵐煙霧繚繞，可以靜觀山色瞬息萬變。

工人透早冒雨在山坡採收春茶，新鮮茶葉放在長條竹製茶籠裡烘焙，春天的茶葉的清香，帶著雨水、陽光、雲霧和風的悠長氣味。

主人的茶園接近山頂，海拔八百公尺，一年五收，春天、冬天採的做綠茶，夏季三收都做紅茶。有小綠葉蟬咬過，茶葉帶蜜香，他就沖一壺蜜香紅茶讓我品嚐。

早飯後跟主人喝茶閒聊，門外雲霧漸散，大山篤定，六十石山有這樣無罣礙的好時光。種茶焙茶之外，主人擔任山腳下聖天宮媽祖廟的志工，他擱下茶杯說：「今天有外地媽祖來作客會香，我要去忙了。」

民間質樸，總有做人的規矩本分。

桐花

二〇二一年五月四日

縱谷穀雨立夏之間連著十數天都有雨，農民如願，剛抽穗的稻禾可以有足夠雨水滋養。土地廟前祝願，希望能持續下到小滿，讓穀粒成長飽滿，可以慶賀一個豐收的大有之年。

六十石山上桐花也盛開，一晚夜雨，次日清晨草地上都是落花。

立夏

不關心

二〇二一年五月七日

六十石山山腳下有祀奉媽祖的聖天宮，宮廟前可以俯瞰山腳下富里一片翠綠平坦水田。

水田盡頭遠眺中央山脈連綿不斷的大山起伏。

這樣的視野，這樣一望無際大氣的風景，是縱谷居民寬闊的胸懷，也是世代綿長的福氣。

立夏了，反覆想著王維一句詩「萬事不關心」。經過戰亂屠殺，看過最悲慘痛苦的生存與死亡，從飽受凌辱的死囚牢獄出來，走在輞川山裡，詩人終於可以跟自己說：「萬事不關心」了。

希望能多懂一點王維這句詩的沉重心事，或者，「不關心」是多麼

大的福氣。

兩朵閒雲有緣到此，悠閒無罣礙，自來自去。

盛豔之花

二〇二一年五月十四日

一夜雷雨，被霹靂聲閃電驚醒。

像是東部民間新年祈福，習慣用巨大的火藥爆炸來驅趕邪穢惡鬼魑魅妖魔。肉體上的痛很真實，痛到骨髓，也許可以讓糊塗紊亂的頭腦清楚。

清晨雨霽，戶外一叢豔紅的鳳凰花，襯著湛藍一碧如洗的天空，這樣潔淨華麗。大氣、無私、明亮，決定把生命的美毫無保留全部綻放給世界。

不畏縮，不自私，不瑣碎忸怩，活著，便應當如此無所畏懼，無所逃避。

這是今日看到的南國夏日的盛豔之花。

夜合木蘭

二〇二一年五月十七日

知本清覺寺多香花，除了三十幾株桂花在秋冬傳送不斷的香味之外，這個季節，春末夏初，含笑、玉蘭、梔子、茉莉都競相盛放。

平日寺廟僧侶都摘香花供在佛案上，最近幾株玉蘭都開得太好，幾株玉蘭樹上可以結近百朵花，因此，長在高枝梢頭的花，都留著無人採摘，自開自落，引來許多蜜蜂蝴蝶。

清晨來禮佛，在大殿前院角落發現一株夜合木蘭，開了十數朵，飽滿皎潔如月，讓人讚歎。

夜合木蘭也稱夜合花，比含笑潔白，也比含笑大，未開時圓而白，像一顆乒乓球，也飽滿如中秋月。綻放時，三片淺綠花萼托著六片磁白

的花瓣，姿態低垂，靦腆彷彿欲語還休。

夜合木蘭是不張揚的花，藏在綠葉間，又低垂著，不容易發現，只有淡淡微香讓人走過時不禁回首四處尋找，知道有好花近在身邊。常來清覺寺，卻第一次發現夜合花開，可見它把自己隱藏得很好。夜合花綻放時間很短，一個清晨過了，樹下都是散落的花瓣。

在佛殿誦《金剛經》，為眾生祈福，看著一地零落花瓣，知道無常，微塵非微塵，世界非世界，心裡還是默念：「不驚、不怖、不畏。」病毒蔓延，像菩薩顯憤怒相，憤怒威懾，三千大千，六親不認，眾生驚慌。想起經文竟真的也說過「眾生非眾生」。

夜合花香，即使零落了，慈悲也一樣還是香遍三千大千。一念虔誠，一瓣馨香，或許可以度憂苦，在受威懾驚慌時可以一心安定。

結穗

即將小滿，稻禾抽穗，穗上穀粒還青嫩，在一片綠意盎然的稻葉間有優雅的弧線，透露著珍貴柔美的光。

這個季節是稻禾色彩最豐富的時候，先插秧的已結穗，後插秧的還很油綠，稻田便有不同層次如翡翠的綠黃青碧的閃爍交錯。縱谷每天傍晚入夜，大概都有雨，細雨霏微，雨中散步，身體被雨打著，也彷彿稻穗受雨

二〇二一年五月十九日

滋潤，垂首感恩。

水圳流水湯湯，那是卑南溪引來的水，上游是新武呂溪，一路穿過大武山的峽谷，穿山越嶺，帶來含豐沛礦物質的灌溉水源。「源遠流長，澤及黎民」，常常在台灣古老廟宇看到的警語，只是現實環境、現實生活的感悟吧。

是的，源遠才能流長，小滿將至，感謝卑南溪，感謝新武呂溪，感謝大武山中的雲霧雨澤。

小滿

翅莢決明

水圳旁有一株翅莢決明開花了。

遠遠看去，長長的金黃色花束，像一支支黃蠟燭。上端花頂含苞，花從下端陸續綻放。花苞是較沉暗的金銅色，還帶一點點的綠。花朵綻放了就是明度非常耀眼的燦爛金黃色，在夏日的陽光裡閃閃發亮。翅莢決明的葉子像鳥的翅羽，兩片兩片對生，真像展翅欲飛。決明好像還是藥用植物，花、莖、葉子、種子都可以入藥。

很高興小滿這天遇到這樣鮮豔明亮如火炬燃燒的熱情喜悅的花朵，像聽到銅管樂裡嘹亮高亢，向群眾報喜訊的金銅小號。

二〇二一年五月二十一日

雲瀑

二〇二一年五月二十三日

小滿後一日黃昏，在家門口看雲瀑壯觀。

海岸山脈像太平洋的浪，一波一波，到了沿海岸邊，擠壓的力量讓山立起來了，像高高的靜止的浪濤，停在那裡，還記憶著海洋的起伏蕩漾。

從太平洋上來的風，把雲向西吹，吹到山頭，白雲翻越過山頂稜線，向下傾洩，形成雲瀑。

真的像大浪濤上滾滾的白色浪花。

大浪滔天，其實是不計較細節的。

眾鳥欣有托

二〇二一年五月二十四日

畫室騎樓下有燕子築巢，有兩隻剛長成的雛燕，前幾天燕子父母還忙著出外覓食，我躲在角落觀看餵食雛鳥，不敢驚擾牠們。

雛燕很快長大了，有人在下面仰頭觀看，燕子父母還有點警戒。牠們啣來一根一根比身體長好幾倍的稻草，慢慢摻和泥土，經營出這樣可以避風雨、可以養育下一代的居所，人類稱為「窩」或「巢」，事實上，是一個「家」。有「家」的願望，才有了複雜艱難的「建築」吧。

四隻燕子寄託的「巢」或「窩」，是多麼深沉的生存意義，或許不只是美觀的設計吧？「眾鳥欣有托，吾亦愛吾廬」，陶淵明是從鳥的「巢」、「窩」的庇護，了解了應該多麼珍惜自己的家，應該多麼尊重每

一個生命的家。

燕子一家平安，疫情全球蔓延，國際媒體刊登一張照片，一個印度孩子染疫，不想傳染給家人，就獨自棲居在一棵樹上。好憂傷的照片，我看了好久。

愈來愈看得出來，世界是一個整體，不會僥倖一處好，不顧別的地方好。無論隔多遠，有一處病毒蔓延，各地都不會長久安寧。在東晉亂世流離顛沛惶恐不安中生存，陶淵明虛擬了一個「桃花源」，滿足生命最低卑的安定的願望。

「眾鳥欣有托」，此時此刻，大疫流行，祈願每個生命的安身與安心。

眾生

二〇二一年五月二十七日

一朵在高處綻放的絲瓜花，鮮明耀眼歡欣的黃色，透著天光，花瓣裡一絲一絲輸送養分的脈絡清晰可見。

絲瓜需要攀爬蔓延，因此伸展出細而強韌的藤蔓，向四處探索。很微不足道的平常植物，很強大的求生意志，很堅定的生長與繁殖的慾望。在廣闊無私的鄉野雲天之下，彷彿提醒我不陷落在侷促瑣碎的糾纏裡，此時此刻，只低頭為受驚慌、染疫確診、在隔離受病苦中的生命祝福，島嶼早日度過苦厄。

渴望陽光、渴望水，渴望更充足清新的空氣，渴望生長與繁衍，我們與這朵花的願望並無不同。

吧。

從敬重最微小的生命開始，才可能領悟「眾生」二字的真正意義

晨起為「眾生」讀經，讀到「實無有眾生如來度者」，還是停了很久，為什麼佛說得這樣篤定？

如果面前這朵花是「眾生」，如果我不相識卻懸念憂心的染疫者是「眾生」，如來也還是說「實無有眾生如來度者」嗎？

許多困惑，一時無解，草率獨斷的解答也無意義，也許是這朵花能陪伴我度過一時的困惑。

合十，感謝。

好風吹來

二〇二一年六月三日

晚餐後，趁著白日餘光，走了大約一小時，穿過結穗金黃的稻田，去看田疇平野另一端一棵孤獨的樹。

風極好，據說是有熱帶氣旋靠近，一陣一陣從南端吹來的風，吹散去一天烈日的炙曬燠熱。

藍天澄淨，長雲都隨風湧向崙天山的山巔。

再過兩日就是芒種了，最早插秧的越光米，據說六月五日就要開始收割了。

芒種

蓮霧花

二〇二一年六月五日

今日午後酉時節氣交芒種，是花神退位的日子。傳統的習慣這一日要準備絲線繡的馬車，繫在花樹上，送花神一程。

義大利文藝復興前期波提切利（Sandro Botticelli）有著名的作品《春》（*La primavera*）。畫中歌頌愛神維納斯，花神（Flora）從一旁姍姍而來，長髮袍袖飄拂，一手捧花，一面散布，身上都是繁花。

她安安靜靜悄悄走來，為生命布告愛與美的來臨。

一四八二年，畫家用這張畫布告花神帶來美，也帶來愛，帶來生命的祝福，結束了沉重壓抑、時時瘟疫蔓延的中世紀。花神無言，在人間默默布散繁花，彷彿唯有靜默的花的祝福，可以袚除邪穢癘疫，可以降

伏煩躁焦慮恐懼仇恨傲慢之心。

安住世間，今天微雨，來樹下看庭院蓮霧花開，細長蕊絲，顫顫欲飛，渴望繁殖，渴望生命傳衍興榮。大疫流行，心事沉重，許多生命逝去，雖至親也不能告別。

花前默禱，祈願逝者存者眾生平安，度一切苦厄。

及雨及時

二〇二一年六月七日

池上萬安村保安宮有楹聯「五穀重豐年，及雨及時施德澤」。雨不及時，非旱即澇。雨少，旱；雨多，澇。旱、澇，都是災難。農民知道痛癢，時時祝禱「及雨及時」。

前兩日喜雨，今日雨霽，快要收成了，看洗淨的崙天山與武樂群峰，長雲洶湧如浪，大地靜定，稻禾上浮著一片翠綠潤澤的光。

都市住久了，回到農村，回到土地，才知道「及雨及時」的深刻意義。

端午

二〇二一年六月十四日

一夜好雨，清晨走到田裡看垂實纍纍的稻穗，帶著露水，或昨晚的雨珠。

有些插秧早的田地已經收割，清晨田裡走著收割車，飛來大群鷺鷥，跟在車後覓食，叨食被驚擾的蟲，收割車嘎嘎作響，這是農忙的季節了。

今日端午，眾生猶在艱難中，每日死亡不減，連日抄經，仍餘一命，願度苦厄，歲月無驚。

火球花

鄰居農舍門口石蒜科的火球花盛開了。

火球花也叫血百合，紅繡球，夏日開花，一朵一朵，襯著綠色草地，如喜事懸掛的彩球，豔紅飽滿，奪目耀眼。

火球花紅紅一團，每一團其實是大約三十至一百朵小花組成的繖形花序。每朵小花有六瓣細線般的花瓣，顫顫疊疊，綿綿密密，組裝成一簇完美圓滿的花束。這是盛夏的花了，顏色、形狀都富麗穠豔，充滿自信的生命，像日正當中，君臨天下，使人想起花團錦簇四個字。

再過幾天就是夏至了，平日或許覺得火球花俗豔，大疫蔓延，死者無數，反倒希望這樣現世的俗豔，可以驅除邪疫，為眾生帶來平安圓滿。

二〇二一年六月十五日

須陀洹

二〇二一年六月十六日

收割以後的田，土地上留著曳引機駛過的轍痕，留著一排一排整齊的稻梗，留著已經被割刈的生命的根，仍然牢牢地扎在土裡。

只有在收割後有機會認識土地和根的力量。

黃昏時分，收割的田地一無阻攔，朝南可以一直遠眺到卑南溪入海處落日反照的餘光，蔚藍天空留著夏日最後淺淺的彤紅和淺淺的金黃。

地平線的右方是綿延迆邐的大武山斜斜的餘脈，左方可以看到海岸山脈，近的是鳳鳴山，遠遠一點凸起浮在雲氣上的山頭是都蘭山。

今日細想「須陀洹」，這個翻譯Sota是河流，Apanna是進入。

鳩摩羅什直譯為「入流」——進入河流。感官的河流，或心智的河

流。看河流水面反光，聆聽河流或緩或急潺潺流去，嗅聞河水的氣味，嚐飲一掬河水，身體隨河流漂浮，我想記憶這條河……

然而，須菩提回答佛說：「無所入」，「不入色、聲、香、味、觸、法，是名須陀洹。」

所以我進入的河流，感官的，或心智的河流，只是一條虛幻之河嗎？最終要從「入流」的結縛糾纏解脫出來，要領悟「無所入」嗎？

即將入夜，我在等上弦新月升起。

紫薇

黃昏散步的路上，一株紫薇花開了。

很嬌豔的粉紫，輕盈柔細如蕾絲花邊的皺褶，在風裡輕輕搖曳。

唐宋的宮廷裡好像很愛種紫薇，早朝或散朝後，官員就在紫薇花下草詔、準備奏章，或無所事事，看庭院深深，看歲月裡的曙光或夕陽餘一寸，無聊時就以紫薇詠唱寫詩，留下很多文人與紫薇的對話。

我最喜歡的是白居易的〈直中書省〉裡漂亮的句子「紫薇花對紫薇郎」。紫薇對應天上星宿，當時中書省稱「紫薇省」，翰林學士稱「紫薇郎」，官署如星，官名如花，生命如星辰，也如繁花，大唐風光，可以這樣跌宕自喜。能藉著夏日餘光與盛放的繁花對話，也可以矜持喜悅

二〇二一年六月二十日

生命的華美貴重吧……

紫薇花期長，夏至過後，小暑、大暑，大疫一時不歇，山居歲月，息交絕遊，每日就循暮色來多看看兀自綻放的紫薇……

夏至

耘田

夏至了，池上一期稻作大多收割了。

這幾天，看到早收的田地已經在耘田。

耕耘機翻起田土，打碎稻梗，讓乾硬土塊和稻根都碎成很細的土壤，再放水養護，讓土質慢慢滋潤，變得柔軟溫暖，像婦人準備受孕，要給新的生命安胎，給即將插秧的秧苗有一個安全穩定的環境。

離開土地的都市工商業文明，很難了解與土地相依為命的農民對雨的渴盼吧！

七月十二日左右，二期稻作就要開始插秧了，恰好昨夜下了一場雨，清晨雨霽，走到庭院外看大山浮雲。希望天地護佑，農民們都在盼望，插秧前再來幾場好雨。

放下

二〇二一年六月二十三日

早飯後，給自己沏了一壺高山烏龍，坐在短牆旁的樹蔭下看書。樹下一陣陣涼風，芒果、蓮霧自落，時時有鳥來啄食。龍眼也已纍纍，隨風搖曳，風裡都是甜香。過了夏至，滿樹都是蟬聲，有時就擱下書專心聽蟬噪高天。

宅配張岱《夜航船》，每天看一點。是像百科辭條的類書，沒有一定連貫的章法。亡國後無事，隨手纂輯這樣一部書，可有可無，可拿起可放下，隨時可拿起，也隨時可放下。

以前迷戀張岱的《西湖夢尋》、《陶庵夢憶》，繾綣纏綿，惆悵裡都是找尋不回來的記憶。《夜航船》不再尋憶了，只是大動亂後倖存的隨

性歲月吧，隨時可以放下。年輕時常常看書看到放不下，杜斯妥也夫斯基偉大，每一本都難放下，現在好像喜歡隨時可以放下的書。

〈松下問童子〉不偉大，但是真好，二十個字，像是自問自答，雲深不知處，不知道的地方，天遼地闊，天地間都是千山萬壑的回聲。

新米粥

二〇二一年六月二十八日

池上一期稻作收成的新米上市了！

大地多力米梁大哥送來冠軍的有機芋香新米，剛剛送到，迫不及待，熬了粥。

浸水一小時，大火燒到滾，立刻關火，燜半小時。打開鍋蓋，一屋子就瀰漫淡淡的芋頭香。

這幾天早餐都這樣吃，前一夜熬好，不開鍋蓋，燜一個晚上，次日早餐，口感溫度都好。

在農舍舊木桌上，配一勺肉鬆，一顆池上的醃梅子，一塊玉蟾園阿嬤家製豆腐乳，一碟小黃瓜或早晨新挖的鮮筍。飯後配幾顆朋友宅配的

當季玉荷包收尾。

這是私密的個人早餐，完全家常，捨不得其他雜味干擾了米粥簡單的香味口感，單純私密的童年快樂記憶，平凡到沒有什麼值得炫耀。

以前夏天在巴黎住一個月，也都帶了池上米、豆腐乳。這樣早餐，像一個自己的儀式，吃了，身體才醒得來。好像被縱谷風和日麗的稻田擁抱過，之後，滿街亂逛，看展覽，喝濃縮咖啡，去Au Pied de Cochon吃大餐，喝優雅的Chambertin都可以，因為儀式過後就沒有遺憾了。

美好早晨，身體要留給這碗當季的新米粥，有陽光，有風，有雨水和泥土的氣息……

貓咪

二〇二一年七月一日

農舍來了一隻流浪貓，剛開始怯生生的，只在院子停留，有野狗吠，牠就躲到樹上。

前任駐村藝術家大概餵養過牠，留有貓食飼料，我就放在屋簷下，牠也來吃，吃慣了，早晚就到簷下喵喵叫，提醒用餐時間到了。

兩三個星期過去，我還叫牠「貓咪」，沒有名字，表示牠還是流浪貓，可以自來自去吧……

這幾天牠進屋子裡來了，晚上也不肯出去，我看書寫字，牠就臥在腳邊。我有點為難，知道一旦關心了，就很難放下。

大疫中每天看逝者病者受苦，為不相識的生命讀經，也要安撫自己

「眾生，非眾生」。

慈悲如是艱難——

今天吃飯時，貓咪跳上餐桌，看看我的白粥，鮮筍，都聞一遍，好像沒有興趣，就兀自在餐桌一邊睡覺。睡得四仰八叉，一副完全放心的樣子。

在野田裡長大，多少毒蛇野狗蟲豸，要有多少警覺才能避開危險，存活下來。牠的存活一直是艱難而驚慌的吧……我們也曾經這樣放心無一點警戒的沉睡嗎？

習慣對人矜持、防衛、警戒，習慣用層層防衛把自己保護起來，我們不知不覺也在慣性的硬殼裡封閉了自己，囚禁了自己。

我很靠近看貓咪沉睡，睡到這樣放心，是多麼大的福氣啊……我在想是不是該給牠取個名字了……

小暑

池上的雲

二〇二一年七月七日

住在都市，不知道雲在晚上也睡眠。

池上的雲，夜晚都躺平窩在山腳下，像人沉睡一樣。

夏至小暑之間，清晨五時十五分左右，太陽慢慢升起，山腳下的雲也彷彿甦醒了，伸著懶腰，一朵一朵排隊，慢慢向天空飛去。

晚上有一個可以安定棲息的家，白天還是喜歡自由自在，流浪四方。

黎明曙光，坐在庭院看雲慢慢升起。

水聲

入夜大約七時，遠端台九線的路燈亮起來了。

水圳已經開始放水，散步時一路都是盈耳的水聲，嘩嘩啦啦，大大小小，高高低低，深深淺淺，不同速度流量的水聲，使我想起京都永觀堂後院特別用流泉設計的水琴。

插秧前水圳放水養田，天光暗下來，視覺褪淡，可以更專注聆聽，水圳的聲音豐富多變化，比寺廟的水琴更壯闊大氣，像一部大地的交響樂。

水田是亞洲稻米原鄉的鄉愁，走到天涯，心裡仍然惦記著那一方田，淺淺的水光，像一面鏡子，澄淨空明，映照出白日繁華過後幽微的心事。

二〇二一年七月九日

紅雲

二〇二一年七月十日

晚雲的光讓山的稜線清晰而銳利。

從峰巒交錯的谿谷進去，過初來大橋，沿著新武呂溪峽谷的蜿蜒曲折，可以到霧鹿，到利稻，到栗松，到向陽，一直往西，或許穿過大關山隧道，可以一直走到玉井。

那條路，少年走過，曾經在海拔兩千八百公尺左右的埡口看到一個夏季滿山滿野盛開到令人瘋狂的野百合花。和我們的青春一樣，如何揮霍都無遺憾。

百合花都無恙否？

今晚入夜的山上是否也看得到那一抹紅雲如血？血凝成紫灰，暗夜的天空，繁星點點如淚，密聚閃爍成一條天上的長河……

Neil

二〇二一年七月十二日

星期一，在龍眼樹垂實纍纍的樹蔭下聽蟬聲，品嚐 Neil 傳授的現磨手沖咖啡。

Neil 的店在富里，花蓮與台東交界，所以取名「邊界。花東」，從池上去也只十幾分鐘車程。

Neil 原來在大城市工作，這些年回家鄉陪伴母親。

母親陳媽媽的「手路菜」是一絕，梅干扣肉吃過的人都難忘。Neil 接了父親留下的田，從城市文青變成農地裡滴汗如雨的勞動者，皮膚黝黑了，體格結實了，但仍忘不了城市裡精緻的手工咖啡和小甜食。

他慢條斯理說著磨豆和水溫的細節，如此講究，不慌不忙。

室外正夏日炎炎，大疫流行。

縱谷從城市回鄉的年輕一代，慢慢多起來了。他們在城市與農村之間搭起一座橋，可以重新思考城市文明與鄉村的關係。

城市大疫恐慌，他們或許可以創造二十一世紀島嶼全新的農村風景，讓人安心吧。

風裡一陣一陣龍眼氣味，濃郁香甜，竟然和咖啡搭配得很好。

福德「詞」

二〇二一年七月十四日

因為是農村，池上土地廟特別多。連年豐收，村民謝天謝地酬神，土地廟也擴建整修，有的很華麗體面。

萬安村龍仔尾路口也有一座土地廟，長寬大約只有一公尺，可能是池上最小的一座吧。

祀奉土地的寺廟都叫「福德祠」，積福積德，也就是土地信仰的根本吧。

這座福德「詞」，字寫錯了，村民也不在意，也還是積福積德，四時一樣祭拜。

我喜歡夕陽西下時分散步，走到路口，正好西斜低下去的陽光一直

照進神龕。原來端坐在暗黑神龕裡的神祇忽然頭上寶冠閃閃發亮，神靈活現，讓正在插秧來祈福的村民安心。

貝殼

二〇二一年七月十五日

吃了一顆貝，翻過來看，貝殼上有細細的紋路，像光影搖曳，像水波晃漾，像水波下映著日光流動的一絡一絡的海草。

從一個小小的螺旋開始，在大約三公分乘五公分左右的空間，鋪展開壯闊美麗的無限風景。

新藝術時代許多建築師、設計師從大自然中擷取靈感。西班牙建築師高第（Antoni Gaudí）的許多建築元素來自貝殼，貝殼在他的素描手稿裡轉型成一扇窗，一座旋轉樓梯，或天花板上鑲飾吊燈的花紋。

他在濱海的加泰隆尼亞長大，海洋貝殼給他許多想像空間吧⋯⋯

離開自然，離開生活，設計容易在紙上枯萎，只是線和點的造作，

很難有長久豐富生命。一顆保護柔軟肉體的貝殼，要用多少時光，在海洋裡雕塑自己，學習一絲一絲水流的柔軟和堅強，「有色、無色、有想、無想、非有想，非無想」，《金剛經》指示的眾生如此廣闊包容，一顆小小的螺貝，是有想，或是無想？

死亡之後，它的「美」仍然好像在訴說著那無數滄海月明浩瀚的孤獨夜晚，每一顆貝，在大海洋的寂寞波濤裡沉默著，專心無雜念，琢磨一粒又一粒使肉身觸痛的砂礫，多少時光，每一尖銳砂礫才能轉身成渾圓晶瑩如淚的珍珠。

蓮霧之一

看纍纍果實懸垂樹上，有說不出的愉悅富足的快樂。

花開是為了授粉繁殖，色彩、氣味、形狀都騷動誘惑，充滿不安定的慾望。授粉交配完成，結了果實，激情過後，有一種滿足，也有一種放鬆。

少年如花，慾望綻放，有千萬般華麗。

二〇二一年七月十八日

慾望總要沉澱，花的張揚褪淡了，慢慢應該能懂「樹葉成蔭子滿枝」的安定，領悟不被慾望打擾的恬靜自適與滿足。

大疫或有稍歇，慾望仍然熾熱，眾生生死疲勞，不容易停下來。即將大暑，專心看看樹蔭間串串蓮霧，嫩青裡深紅淺紅，都懷抱著種子，圓滿微笑。

蓮霧之二

二〇二一年七月十九日

蓮霧一顆顆掉落，一大片掉落在庭院，也有一大片落在短牆外的路上。

王維到輞川，在深山谿壑裡遇到繁花盛開，那是很少有人會去的地方，花開花落，沒有人計算歲月，歲月如此，無驚駭恐懼，莫不靜好。

他寫了傳誦千年的二十個字：

木末芙蓉花，山中發紅萼。

澗戶寂無人，紛紛開且落。

走到輞川，他才頓悟，花不是為人而開的。

無一人來，花依然紛紛開且落。

走到輞川，他才頓悟，可以不把自己放在宇宙中心。

大暑將至，旭日初升，鳥雀在樹枝間跳躍，聽鳥聲啁啾，也聽蟬嘶，簷下看書，也看蓮霧墜落。

樹

剛剛插秧，下午一陣豪雨，田裡積滿了水，水田裡就映照著遠山、樹，天空裡雲的影子。天光雲影在淺水間緩緩流動，像來照拂看顧需要好好護佑的幼嫩秧苗。

農田裡很少有樹，怕樹根亂竄破壞田土。田埂上偶然長成的大樹就常常成為遠際地平線上醒目的風景。

今日的樹，襯著一抹晚雲的光，特別寧靜，像是久遠劫來專心無旁騖的手勢。天光如此，大地如此，無思無慮，可以跟大疫煩亂、心事忡忡、匆匆忙忙、焦慮的人說一句靜定祝福的話……

我們可以更愛自己，更愛這個美麗的世界嗎？合十感謝……

二〇二一年七月二十日

大暑

葭灰

二〇二一年七月二十三日

我喜歡她身上葭灰色的斑紋，很像最好的松煙墨的墨韻。宋元的書畫裡還有這種赭灰的沉靜層次，到近代，墨色常常只是一塊死去的黑，沒有光在墨裡流動，黑而無神，也就失去了水墨的意義。

她靜靜臥著，讓葭灰的墨韻和身上的留白構成最好的八大山人的斗方冊頁，好像鈐一方硃紅印章就可以流傳，知道有一隻貓在明朝亡國後來過青雲譜。

朋友疼她，送來盛盤，裡面鋪了松木屑。但是她更喜歡臥在地上，襯著粗拙的水泥自然變化的暈色深淺，像是風塵僕僕的宣紙上的歲月滄桑，也的確搭配得很好。

夏日偏鄉，微風徐徐，農舍的午後就這樣靜悄悄的。

想像八大山人在青雲譜畫貓的那個下午。

二〇二一年七月二十六日

無

風景可以很淡，山色很淡，水光很淡，雲和日光的影子都很淡，淡到若有若無，也是王維發現的「山色有無中」……

曾經走過的很炎熱的夏天，大暑，像火焰一樣熱烈到窒息的激情悸動。

多麼濃烈熾熱的燃燒都會褪淡。「濃烈」、「褪淡」是領悟「有」終究是「無」的因果。

因為歲月，一次一次淘洗沉澱，鮮豔耀目的顏色會褪淡，輪廓分明的形狀會褪淡，執著堅持、自以為是，都會褪淡。

繁華褪淡成回憶，剩下空中裊裊散去的餘燼，灰飛煙滅，在鳥雀人

跡不到的地方，一絡輕煙隨風逝去，天空地淨。

沒有瓜葛糾纏，沒有牽掛嗔愛。遺忘之後，可以回頭再看一次走過的風景，好像近在眼前，卻了無干涉，只是無數阿僧祇劫偶然擦肩而過。於一切有緣，最終也是咫尺天涯。

還是再默念一次經文上說的——諸相非相。

補秧

二〇二一年七月三十日

大部分的田都插了秧，細小的秧苗，像襁褓裡的嬰兒，稚拙可愛，還沒有什麼姿態。

現在插秧多用機械，一疊秧苗放在車後的盛盤，車子滾動，秧苗也一株一株插進濕軟的田土中。現代機械化的作業快速省事，少了農民很多勞動的辛苦。

但是，許多農民還是不放心，今天傍晚下雨，有農婦就踏在泥濘中，淋著雨，低頭工作，在田裡看顧秧苗，補秧、貼秧，扶扶正，或疏解調整一下植株距離，一次一次彎腰，不放過一點補救修正的機會。

細雨霏微，雨中天光很美，勞動的人紅色的衣服也很醒目。

大暑後七日，即將立秋，天地如此，眾生如此。

輸贏

二〇二一年八月二日

連日好雨，剛插秧的田裡都積滿水。

清晨雨霽，一碧如洗的山巒下一帶長雲。隔著長雲，山脈好像低頭看著自己的倒影。

山水如此，心無罣礙，昨夜和眾生同看奧運比賽，看輸贏，和眾生一樣有笑有淚，有盼望，有失意，有驚叫，有嘆息。

清晨起來走到戶外看風景，笑淚過後，知道輸贏之外還有天長地久。

沉默

二〇二一年八月五日

古希臘建立了運動為基礎的美學，至今延續成奧林匹克和美術人體比例的規範。

這尊比真人略大的青銅塑像在雅典國家博物館，是公元前四七〇年希臘黃金時代的代表作。

好幾次在雅典面對這尊像，細看他張開的胸懷，細看他眼神投射的視野，細看他肩膀與手臂的擔當，細看他身體微妙的平衡與和諧……

這尊被稱為Poseidon的雕像，若是拿掉附加的神話，其實是競技場的投擲標槍的選手。

雕塑家捕捉到標槍投擲一刻身體的控制，右腳跟已離開地面，左

腳尖微微抬起，左手前伸，指向標槍要去的目標。看久了，覺得身體在微微呼吸。

最好的運動是讓人看到生命的品質：「視野」、「胸懷」、「擔當」、「平衡」、「和諧」。

考古學家在希臘半島西端奧林匹亞挖掘了公元七七六年的運動場，周遭有神廟、圖書館、詩歌朗誦、劇場都有，希臘的競技，是體能、智力、品德、美，全面的修養。

運動的精神也許還能找回來，不只是競爭，也懂了配合、團隊，在合作裡成全他人，不只是打敗對方，同時，也學會向對手致敬。

昨晚看到球后回國，那樣沉默，不發一語，不隨媒體起舞，不隨群眾喧譁。運動的極致是這樣專注在自己的世界，這樣孤獨，如同一位長跑者說的「跑到終點的寂寞」。

她，此時此刻，多麼需要跟自己在一起，在幾千次輸贏過後，毀譽褒貶都與她無關。真正頂尖運動員的安靜，如同兩千數百年前這樣一尊雕像。

一尊像，足以說明一整個時代的精神。

向球后的沉默致敬！

立秋

中元

二〇二一年八月八日

昨日午後立秋，大雨。晚上十一時是民間信仰俗稱的「開鬼門」，許多人家都有祭拜。

一個月的「鬼月」，雖是民間信仰，卻影響很大。許多忌諱，許多禁戒，避穢、祈福，各地方、各行業都有自己處理的方式。

鬼門大開，亡魂四處漂泊，這一個月，如果按照民間信仰，要如何與回來的亡者相處？如陌路相逢？如擦肩而過？像蘇軾在妻子死後十年祭悼的句子：「縱使相逢應不識，塵滿面，鬢如霜。」無論生者，無論亡者，相逢而不認識，無從知道過去未來的因果，也許是蘇軾說的深沉的悲哀吧。

民間用詞是「好兄弟」，是的，大疫期間有四百萬人走了，我可以一一相認，叫他們一聲「好兄弟」嗎？

生者將是亡者，亡者曾經是生者，隔閡只是時間。民間相信，時間隔閡，可以在這一個月了無顧忌。鬼月的重要儀式是中元普渡，整個東部亞洲都有祭奠。

中元普渡是道教的說法，佛教稱「盂蘭盆節」。盂蘭盆會可能源自佛弟子目犍連。目犍連，也稱「目蓮」，華人在南北朝時代就引進目蓮救母的葬儀戲劇在民間流傳。

相傳目蓮母親多行惡事，死後在地獄受苦，目蓮仁孝，布施食物給母親，但一到口中都化為火焰灰塵。目蓮求助佛陀，因此有眾菩薩集力，助目蓮下地獄救母。台灣也還有目蓮戲流傳，在喪禮中看孝子模仿滾釘板、上刀山、下油鍋，慘烈怖懼，小時記憶，至今難忘。

所以，盂蘭盆會是生者要用最大的信念度脫亡者的劫難，讓六道眾生解脫。陸上、水中、空中都是亡魂，所以在台灣、日本都有放水燈習俗。

我在京都嵐山渡月橋下隨民眾放過水燈，把點了蠟燭的小木板放入水中，默念亡者姓名，或只是度脫眾生，擊掌合十，看一點熒熒燭光在暗夜裡隨水流愈行愈遠，彷彿冤業災厄也隨之而去，不相識的六道眾生，相逢而且相識，也可以了無罣礙。

民間流傳久遠的信仰，自有心中的嚮往，理性科學都難解釋，自視甚高，也許斥為迷信，也只是與眾生無緣，相逢而不相識吧。

借菩薩寺佛前腳下一盞燈，為亡者照亮解脫的路。

山頭

立秋後五日，吹西風，雲從西海岸過來，爬到中央山脈大山的稜線上，停住，像一頂白色假髮，給山頭換了一種髮型。

這是今天黃昏的風景。

風景是千變萬化的，和自己的身體一樣，時時刻刻都在改換面貌。

修行只是從領悟如何離開執著的「我相」開始吧。「我相」執著，認定一座山是不變的。執著「我相」，認定自己的身體是不變的。「我相」執著太深，就與歲月無緣。

我們常常執著「青春」，「青春」也就尷尬成不是「青春」了。

晨昏，春夏秋冬，這座大山有不一樣的容貌。

二〇二一年八月十四日

早晨，整座山被東邊日出照亮；黃昏，它沉浸在逐漸暗下去的暮靄中，有時雲彩飛揚，有時灰紫朦朧，像有許多心事。

春天二月山裡許多淺粉紫的光，是苦楝樹開花。四月下旬，一片一片的白，像飄雪，是油桐花開的季節了。秋天滿山飛起芒花，泛起銀色的光。或者，十月中，欒樹的莢果染出赭紅，這座山，時時換著新妝，從不間斷。月圓的夜晚，這座山異常莊嚴，像一尊佛。

可以記得一座山的晨昏和四季嗎？如同記得母親在歲月時光裡變換更改的容顏？

記憶歲月裡的生命，像記憶一條時光的河流，童年，青春，盛壯的飛揚；平緩，低迴，哀樂入中年；最後，可以在冬日靜看山頭蕭索，寂靜空無，也還有許多悠長的回聲。

柿子

二〇二一年八月十七日

柿子黃了，我才知道前庭有三棵柿子樹。

立秋以後就是柿子的季節了，以前秋天去和歌山，滿山都是碩大飽滿纍纍的金黃柿子。

我並不特別喜歡吃柿子，卻覺得柿子在樹上好看，有秋天富足圓滿又安靜貴氣的感覺。

秋天在日本，不只樹上柿子好看，柿葉金紅，也常配置插花，或做料理的陪襯。這三棵柿子樹大概沒有人照顧施肥，柿子長得不多，果實也不大，但是有鳥啄食，樹上留著半顆鳥吃剩的柿子，我想應該是好吃的吧。

記得京都郊外有「落柿舍」，是十七世紀俳句詩人向井去來的家。他是日本詩聖松尾芭蕉的學生，隱居嵐山郊外田野，生活樸素簡單，屋前就是菜田，耕讀度日。

柿子當然可以吃，也可以任其自落。落在地上，不吃，就叫落柿舍。去來無罣礙，後世欽仰感懷。許多遊客到落柿舍，瞻仰悼念，平常的柿子樹、菜田、茅舍，也成了名勝古跡。

處暑

夏天就要過去

處暑
夏天就要過去
逃亡者繼續逃亡
歲月如河
眾生流浪生死

午後斜斜的陽光
照亮露台兩盆蘭草

二〇二一年八月二十日

花期過了
在安靜的角落
看自己的影子
它問自己：下一個
春天，花還會開嗎？

Icarus——阿富汗

二〇二一年八月二十一日

少年時讀希臘神話，讀到Icarus用蠟黏的羽翅飛起，他想更靠近陽光，蠟遇熱融化，Icarus從高空墜落，摔死了……

他的身體變成大海一個小島，那個島仍然用他的名字命名。那是人類最偉大的一次墜落，身體如此渴望飛起來……我一直以為Icarus十五歲，或更小。

我不知道，今天，有十七歲的身體，有十九歲的身體，依然想飛起來……想飛起來啊，在戰亂的機場飛起來，在災難危厄中飛起來，然而，為什麼肉身卻這樣沉重？

我們必然要從高空中墜落嗎？

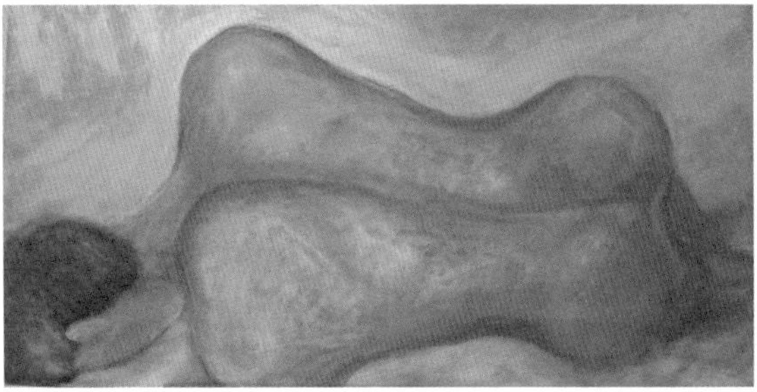

驚

中元前一夜，大約七點，月亮從海岸山脈的稜線上破雲而出。

我嚇了一跳，想到王維的「月出驚山鳥」，真的是一「驚」。文學上語言的精準，無其他字可取代，因為走在暗夜的山裡，詩人看到月升時那浩大明亮寧靜的光，心中一驚，他聽到山裡夜宿的鳥驚醒的聒噪。

下一次月圓是中秋，中秋是人世的團圓。

中元普渡，民間家家戶戶都設案祭奠，陰陽兩界，久遠劫來，眾生因果，或解脫，或纏縛，彷彿都在這浩大明亮寧靜的月升之中。

前世的團圓，此生的團圓，月亮都要這樣圓滿。

二〇二一年八月二十二日

池上珍重

二〇二一年八月二十五日

沒有想到，疫情在北部爆發，臨時決定留在東部縱谷，從五月中開始，足足停留了四個月，四個月除了畫畫讀書，在田野間散步，真的做到了「息交絕遊」。

陶淵明〈歸去來辭〉裡說的「息交絕遊」，一直以為只是文人隱居的理想。因為大疫蔓延，「息交絕遊」其實是更具體的「社交距離」吧。屈指算一算，四個月見到面的人竟然不會超過十位。

有更多時間看山，看季節的變化，從立夏到小滿，到芒種，看稻田收割、耘田、插秧，一期稻作到二期稻作，晨昏的日出日落，日升月恆，原來息交絕遊是回來跟自己在一起。

孤獨是跟自己在一起，可以見天地見眾生。

最後兩天，要離開龍仔尾了，照常在晚飯後走每天走的路，和每一棵樹告別，和水圳盈耳的嘩嘩聲告別，和山間的雲、田裡每一株秧苗告別……

立秋以後，天空銀灰的光多起來了，是秋天的光，沉靜如有心事的光。

感謝四個月幾乎獨自擁有這樣寬闊壯大的風景，可以走一兩小時的路，碰不到一個行人。

遊客慢慢回來了，我要離開了，美麗的山河大地，原來是大家都有緣分的。

池上這幾年，觀光熱鬧了起來，多了很多速度快的電動車，六個人坐在車上，在田間奔馳，不小心也翻到田裡。

觀光在全世界都難控制，池上是小鄉村，它的悠閒、緩慢、安靜，很容易被外來商業催促的焦躁喧譁破壞。外來商業攔路霸王硬上弓的兜攬生意，擾亂了原本素樸的鄉村。然而池上原本的居民還是很安靜，不被氾濫的商業影響，善待每一個到池上來的人。

池上的美，不靜下來其實是看不見的，步行、騎單車都好，速度太快就往往錯失很多美麗的剎那。

山水大地祝福每一個來到它面前的人，不急躁，就有山水的緣分，也一定會得到天地祝福。

池上，平安！珍重！

秋香

二〇二一年九月三日

沿河岸走，迎面拂來一陣一陣植物的香。

再過幾天就是白露了，秋天的空氣裡有一種氣味，淡而悠長，很安靜的香，也許是入秋以後的風，讓氣味不像春夏那樣騷動濃烈嗎？

母親很喜歡「秋香」的顏色，陪她去布莊挑做衣服的料子，她常常問：「有沒有秋香色？」

「秋」是季節，「香」是氣味，這兩個字放在一起，很難讓年輕一代聯想到色彩。

西方的色彩通常單純只是視覺，在東方色彩可以是季節，也可以是氣味。

「那是什麼顏色？」我常常遇到學美術的年輕人問我「秋香」的顏色。或許，秋香也不只是顏色，是一個季節慢慢由燥熱轉為沉靜，樹葉從喧譁的綠開始一點一點變黃，變褐色，變赭色。是跳躍刺眼的光沉澱靜定成為秋光。

我想說，「秋香」是喧鬧轉為澄淨的顏色的游移，有時多一點黃綠，有時多一點褐赭。《紅樓夢》裡有藏在庫房裡四十年捨不得用的秋香色的軟煙羅，很細柔的織品，做成簾幕，掛在窗前，就像一片秋天的光。

視網膜上的色譜其實是應該在光裡模擬的，色彩在季節裡成為秋光；成為秋香，才有了歲月的記憶。秋天是豐富的季節，繁華過了，整片樹林在綠黃赭褐之間游移恍惚的秋光，就是母親一直尋找的「秋香」的顏色吧。

我在路旁找到了一叢一叢的海桐花，是這幽微的氣味在秋風裡引我來這裡找她。許久沒有聽到有人談起「秋香」這個像詩句一樣的顏色了。

白露將至，徘徊河岸樹林間，再一次尋覓久違了的秋香。

潮來潮去

二〇二一年九月六日

白露前二日，星期天。從四樓畫室眺望外面的大河河口，河面上停泊著許多帆船。

可能因為漲潮，海水湧進，河水顏色特別蔚藍，三角形的醒目白帆，映照著藍色水波，映照著初秋澄淨的天空，眼前一片秋水長天，像畢卡索、馬諦斯的畫，恍惚覺得是南法蔚藍海岸的風景。

這條河流，在十九世紀前後，曾經是許多船隻通行的重要貿易航道。對岸的紅毛城似乎還見證著國際海洋強權操控河口的霸業歷史。

河流淤塞，河流通向海洋的歷史被遺忘了，遊客閒逛，也不容易記

得近在眼前就是清帝國與法蘭西廝殺慘烈的爭霸戰場。

大概是帆船俱樂部的假日集訓，點點白帆很快向海口移動，消逝在遠遠天際，河面仍然恢復原來空明寧靜的蔚藍。

強權爭霸的歷史過了，只留下昔日扼守河口重要航道的碉堡遺址——滬尾砲台、紅毛城、老榕碉堡，說著不同時代爭霸的故事。

歷史過了，我們到廝殺的景點前打卡，霸業成空，爭霸像一齣新上市的電玩遊戲，遊客玩笑嬉鬧，唏噓感嘆其實也彷彿多餘。

這個秋天，仍然像一百年前、兩百年前的那個秋天嗎？

潮來潮去，許多人搶灘登岸，許多人屍沉大海。

潮來潮去，生死流浪，島嶼或許仍然會記得四面大海的波濤這樣壯闊澎湃吧。

白露

清晨的秋光

白露次日，晨起，走山路看一段清晨的秋光。

唐詩有「銀燭秋光冷畫屏」，有點宮殿夜晚的華麗。如果去掉「畫屏」，再去掉「銀燭」，就只是單純自然裡的一段安靜無染的秋光了。

不只詩人喜愛「秋光」，音樂家也常為「秋光」譜曲。

北歐導演柏格曼的《秋光奏鳴曲》也可以一看再看。秋光或許是春夏的熱鬧紛華過後，沉靜下來凝視自己心事的時刻吧……

我看到的秋光是今日太陽初起，山巒上一片浩大無聲的晨曦。

二〇二一年九月八日

蒜香藤

二〇二一年九月九日

平凡小鎮一整條街的牆頭上都開滿了豔紫奼紅的蒜香藤，走著走著，也感受到空氣裡洋溢著秋晴的喜悅。

有些花適合開在田野沼澤，一大片的向日葵，一大片的虞美人，一大片的荷花或布袋蓮，在陽光下隨風搖曳，都讓人開心。有些花適合栽培在花圃庭院中，有人照顧，日日澆水修剪，比較像寵物。百合，玫瑰，繡球，各類茶花，都常成為人工園藝裡的植栽。

寵物性質的花，最代表的是牡丹，需要細心照顧，因此也常常剪枝插在花器裡面，供養在富貴客廳几案上，供人觀賞讚歎。

蒜香藤，好像沒有人拿來做瓶供，也很少做插花的花材。蒜香藤，

像她的名字，沒有那麼嬌貴，十分民間，總在夏末秋初的巷弄平常人家的牆頭屋簷看到滿滿的蒜香藤。她彷彿決定自己不是豪宅官邸仕紳名媛的高雅貴氣，也不是野生野長大地上隨處蔓延自生自滅的植物。

蒜香藤的俗豔恰好適合開在街坊鄰里的小戶人家牆頭，依靠著平常百姓，過著平凡生活，滿足著小小的確幸快樂。

Momojan

二〇二一年九月十二日

池上書局的Momojan很美，毛色白灰中閃著暗暗的紫色的光，高雅而神祕。深黑的眼線，像古代埃及君王勾勒的眼眶，孤傲而冷漠。

我以前常去書局跟他打招呼，他不是太愛搭理人。一隻氣質高雅的貓，總是獨來獨往。

知道他的習性，自然也不會太打擾他，遠遠看他蜷縮獨處一隅，也覺得很好。

池上這幾年外來遊客多了，有中國大陸、馬來西亞、香港、新加坡各地來玩的人。他們到池上書局，都會和Momojan拍照，放上臉書、IG、網路，許多人轉貼，Momojan突然變成了網紅。

小小書局有時候擠滿人，絡繹不絕，遊客都爭相叫他的名字，撫摸，逗弄，不斷貼近臉說：「你好可愛啊……」

Momojan依然一臉冷漠。撫摸太多，他甚至明顯表情厭煩，有時就躲進櫃子下面，不肯出來。

遊客熱情，愛的方式，常常鍥而不捨。有時看到他不斷被一整天的遊客撫摸逗弄，也覺得無奈，我想他多麼想獨處，不受人騷擾吧。

愛變成騷擾，甚至霸凌，當然是遺憾的事。

碧娜．鮑許有一支舞作，印象深刻，舞台上一個美女被人寵愛，被親吻，被摸臉蛋，被擁抱，一再重複，最後寵愛變成可怕的騷擾與凌虐。

愛，竟然變成酷刑，像一種凌遲。

有好幾年我不太去書局了，遊客太多，擠在小空間裡，看一隻貓被過多寵愛弄得很煩，也不知如何是好。

最近偶然去書局拿郵件，書局太久沒有人客來，也擔心書局的經營困難。人類總是在「過」與「不及」的兩難中矛盾著吧……

我坐一會兒，忽然看到Momojan，走到桌邊，縱身一跳，跳到桌上，在我手上蹭了蹭，然後躺下，安心把臉貼在我手背上，像小孩撒嬌討拍。

我有點驚訝，一向孤獨的貓咪，人多人擠的時候到處逃避人，一陣子沒有遊客，他又渴望和人親近了嗎？

我享受了生命與生命溫暖依靠靜靜的一刻。

疫情也許是一個功課，保持適當的社交距離，期盼疫情過後，生命或許還能找回適度的、好的社交關係；不過分擁擠，也不過度疏離，有溫暖，有愛，卻也尊重獨處的自由。

捨身飼虎

二〇二一年九月十六日

佛經裡有兩個震動我的故事，一是「割肉餵鷹」，一是「捨身飼虎」。這兩個故事我都改寫過，收在《傳說》書中。也曾經錄成有聲書，製作了CD。

這兩個故事也讓我想用繪畫來表現。

事實上，北魏到唐代的敦煌洞窟裡都曾經把這兩個故事畫成壁畫。

我嘗試畫了，畫了好多年，一改再改，希望能傳達原始故事的含義。

「捨身飼虎」是少年俊美的薩埵那太子從懸崖跳下，把青春的肉體餵給飢餓的老虎吃。

畫這張畫時，還是不完全理解為什麼青春的肉身要發願去供養餓

虎。佛經有我不完全能理解的深意吧，佛說的故事總是遠遠超過我在現世能理解的範圍。

青春華美的太子的肉身是「眾生」，餓虎的肉身也是「眾生」，我們可以理解宿世流浪生死的肉身捨棄給眾生的意義嗎？「捨身」對我是多麼艱難的事，然而，為什麼我要一次一次讀《本生經》這一段故事？為什麼我想在畫裡讓薩埵那太子與餓虎相依偎在一起，像平等的眾生？

我的肉身來此世間的意義究竟何在？

我想繼續追索，聖潔與沉淪，愛與恨，敵對與和解，此生與來世，執迷與領悟，在一百公分長、五十公分高的畫布上，一筆一筆追索，我可以藉由一張畫，更懂一點自己嗎？

餓虎是我們自己，薩埵那也是我們自己，宿世來，宿世去，總要與自己相認。

欒樹開花

二〇二一年九月十九日

清晨走到自家門口的河邊去看欒樹開花。

每年秋分前，沿河岸整排欒樹，一叢一叢的黃花就冒出來了。大約兩星期，秋分後陸續飄落，樹上就結滿絳紅色的莢果。

這是欒樹的季節，它一年都安安靜靜，不爭春，不爭夏，你幾乎忘了它存在。在初秋天氣轉涼的時候，它開始靜靜地開花了。它自有自己的生命規則與秩序。

像一種季節的約定，每年一到初秋，都專心看欒樹開花。一到此時，早上都會早起，走到河邊看朝日初起陽光映照下熠燿輝煌的一片金色的光。

即使每年看，都還是會從心裡讚歎：「啊，你開花了！」像父母看著初長成少女少年的孩子，頭角崢嶸，有說不出的歡喜。

大疫兩年，沒有出國。往年一到初秋，蠢蠢欲動，大概已經要規畫去北國賞楓了吧……

這兩年很好，安心看島嶼的四季，安心陪伴一季一季的花開花落，沒有野心，沒有雜念。

早上讀經，讀到「還至本處」，心中一動，「本處」說的是心無旁騖的自家門口嗎？

龜甲木棉・馬拉巴栗・光瓜栗

二〇二一年九月二十一日

河邊有一排樹開花了。

樹幹有點像木棉，又不是。花的形態很特別，幾乎沒有花瓣，一簇長長的數百根細長雄蕊，顫巍巍，如煙花散放，彷彿迫不及待要把蕊尖的點點花粉散播出去。

我傳給美濃愛植物的朋友，他說：「大概是龜甲木棉。」我查了一下，的確和龜甲木棉的花相似。

熱帶的花的繁殖常常很直接，河邊有穗花棋盤腳，一長串，也都是密密的蕊絲。

我們看到一朵花，玫瑰、百合，通常會被花瓣吸引，欣賞花瓣的色

彩形狀，或者氣味。

這棵樹的花，連續看了幾天，終於發現花瓣，花瓣毫不顯眼，五片，淺綠色，蜷曲在搶眼的蕊絲下端，好像萎縮了，沒有任何誘惑的功能。

花本來是植物繁殖的慾望，花瓣再美麗，色彩、形狀、氣味，也都只是包裝著交配的渴望。

但是，其實，花蕊才是植物繁殖的核心。

龜甲木棉的花，剝除了包裝，毫不掩飾，赤裸裸的繁盛又壯大的雄蕊升向天空，招搖著一個植物渴望交配、渴望繁殖的全部慾望。如果是人類，這樣顯耀自己的性的慾望，這樣張揚性器，會如何被看待？

慾望隱密包裝，是一種美；慾望赤裸裸無所顧忌，也可能讓我們讚歎嗎？物種在不同的環境，用不同的方式完成自己，很難做優劣比較。

喜好比較，喜好褒貶，也許是自己小器。

浩大無量無邊的宇宙，細看各個物種的存活，隱晦的、包裝的、大膽的、赤裸的，最終的目的，都是繁殖。不遺餘力，努力擴大自己，努力延長自己，大概就是生命的本質吧。

有時候也用植物繁殖的方式看待人類的不同樣貌，各式各樣不同的生存，尊嚴的、卑屈的……即使不理解，也心存悲憫，知道眾生如此，都有艱難。

即將秋分，在逐漸降溫寒涼的河岸邊散步，花蕊綻放，也如夏夜星空，這樣莊嚴華麗。

我把這朵花放在臉書上，有仔細觀察植物的朋友提醒，可能是馬拉巴栗樹，花和龜甲木棉相似，只有葉子，一為互生，一為對生。

我再去現場看，正如臉友指出，葉子是互生，是馬拉巴栗樹。

我正和美濃的朋友說，又有臉友貼文，指出他觀察了三年，台灣沒有馬拉巴栗樹，俗稱的馬拉巴栗樹其實是光瓜栗樹。

還不能立刻定論，但是感謝這些朋友一路陪伴我認識大千世界，一路修正改進。

益者三友，友直，友諒，友多聞。

損者，也是三友，友「便」什麼，但既是「損友」，忘了就好。

許多人批評社群網站，充斥攻擊、辱罵、誣陷、挑釁……

其實不然，我在臉書上得到很多好意見、好朋友，感恩。

秋分

入秋

二〇二一年九月二十三日

二〇二一年九月二十三日，凌晨三點二十分節氣交秋分。因為秋分，起床特別早，走到河邊，彷彿急著要跟新來的節氣打聲招呼，說聲：「秋分，你好！」

應該是入秋了，卻意外看到了一樹仍盛開的鳳凰花。南國的秋分，白日仍然炎熱，日照也充足，夏季的鳳凰花還是開得這樣豔紅，對比著秋分時節特別豔藍的天空，視覺上這樣爽朗乾淨，使人很想用濃烈的油彩畫下來。

宋元以來，文人追求淡遠的意境，逐漸在繪畫裡排除了色彩，特別是強烈濃豔的色彩。一千年，紙上渲染的水墨，雲煙蒼茫，文雅，悠

長，沉靜，然而，也同時缺少了色彩鮮明對比的感官悸動。

青年一代，喜愛美術，常常會在梵谷一類濃烈燃燒般的色彩裡得到快樂。如果二十歲，生命愛恨分明，走進故宮，的確很難立刻靜下來讀懂黃公望八十二歲才開始著墨一清如水的《富春山居圖》。

也許，就放任青年一代狂熱去擁抱梵谷吧……愛恨激情過了，歌哭狂醉過了，哀樂入中年，或許會有機會領悟一卷南宋夏圭若有若無的《溪山清遠圖》。

美，像是四季不同的歌聲，隨著時間的遷移俯仰升沉，隨著生命的興衰飛揚或消沉。可以高亢，也可以低迴，可以熱烈，也可以悽愴，可以是青春燦爛的詠歎，也可以白髮蒼蒼莽莽，一片蕭條。

坐在河邊，可以看最後鳳凰花的青春意氣風發，當然不多久，沙渚上也即將翻飛起一片片白茫茫的秋天芒花了。

包紮的凱旋門

二〇二一年九月二十六日

謝謝禎宏傳來他去凱旋門拍的照片。

從二〇二〇年三月開始防疫，大多時間在東部偏鄉，獨自看書、畫畫、走路，有時三個月左右沒有回都市，也沒有和外界接觸。

很享受山野田間的寧靜，朝夕晨昏、四季晴雨，有看不完的景致，也沒有特別覺得需要出國。最近，陸續看到 Christo 和 Jeanne-Claude 生前計畫包紮巴黎凱旋門的計畫九月在進行了，每天看一段報導。

談到六十年前剛從保加利亞到巴黎，青年的 Christo 住在凱旋門附近的頂樓佣人房，每天看著凱旋門，他心中剛剛萌芽要包紮這個建築的意念。一個意念可以慢慢形成、修改，在六十年後完成。原始構想的創作者已經逝世，這件作品完成了，成為世界矚目的焦點。

疫情後第一次想出國，想念巴黎這個包容各種創意的偉大城市。一九八五年在巴黎，經驗 Christo 包紮新橋（Pont Neuf），新橋是塞納河上四百年歷史的第一座石造橋樑，是巴黎的中心地標。許多人每天經過的橋，忽然被包裹起來，像是「消失」，卻又是更強大的一種「存在」。創作者改換環境與人的關係，用暫時的「掩蓋」去「彰顯」更多更長久的思惟與情感。

多麼想經驗此刻在包紮的凱旋門前的震撼力量。禎宏知道我的遺憾吧，告訴我他和兩位朋友每個人替我多看十分鐘。所以是秋初夕陽的光照到高處的那十分鐘嗎？我閉著眼睛，享受那十分鐘的開闊，十分鐘的華麗，十分鐘纖維上一絲一絲的銀色的閃爍的光。

凱旋門是拿破崙的紀念物，巴黎有關拿破崙的紀念碑、陵墓、雕像

無所不在。拿破崙在法蘭西的歷史留下許多爭議，「白色恐怖」這個詞彙也與他關係密切。很難想像，巴黎如果移除所有拿破崙的相關建物，會是什麼結果？

Christo用的方式，不是「移除」，而是「包紮」。藝術的轉型也許幫助一個城市真正走向包容與偉大。我的朋友鄭淑敏擔任文建會主委時，有機會和她談過邀請Christo來台北做包紮裝置藝術，當時想到的是日治時代的總督府，或者，中正紀念堂。

夢想沒有實現，也許是因為夢想太不現實。那是上個世紀九〇年代沒有實現的夢。閉起眼睛，彷彿又感受著禎宏贈送的十分鐘，和另外兩位朋友贈送的二十分鐘。珍惜這三個十分鐘裡一個城市的自由、開闊、包容與創意。

謝謝禎宏。

菩提新葉

二〇二一年十月七日

寒露前一日，入夜之後，秋風習習。

在一所頗有歲月的小學散步。校園圍牆邊有一排高大的菩提樹，暗夜中，看到新發的菩提葉，拖著長長的葉尖，像一顆滿懷渴望的初心，幼嫩明亮，閃著金色的光。

想起印度菩提迦耶那一棵高大的菩提樹，因為有覺悟者曾經在樹下靜坐，如今信眾遊客不斷，每個人在樹下，各自用自己的方式領悟覺悟的意義。

很巨大的一棵菩提，我曾經在樹下和眾生一起靜坐、仰望、冥想、嚮往。

覺悟者走了，樹也經歷好幾次好幾劫的生滅循環。數千年來，母樹的種子被帶到各地種植，帶到斯里蘭卡，帶到清邁，帶到暹粒，帶到浦甘，帶到龍坡邦……

種子在各地生根發芽，帶著母樹的慈悲與渴求智慧的基因，長成大樹。母樹枯萎寂滅了，有人又從四處找回母樹散播出去的種子，回到原點，還至本處，繼續繁殖。眾生，如同這株菩提，在好幾世、好幾界的時間與空間中流轉生滅。

我的朋友從吳哥窟帶了這一基因的種子，在舊金山庭院種植，幾年來也已茂密扶疏。

菩提迦耶樹下好多人，看風中葉片翻飛，有一片葉子從風中落下，許多人就爭先恐後去搶，希望能得到覺悟者的祝福吧。

或許，覺悟者在樹間靜靜微笑，如果有一天能覺悟放下爭先恐後，

祝福其實是不是也一樣無時無處不在。

今夜這一簇菩提新葉，暗夜中熠燿光明，偶然陌路相遇，有緣讓眾生開心。

作家作品集0100（精裝）

歲月無驚

作　　者—蔣勳
全書照片攝影—蔣勳
封面暨內頁設計—林秦華
特約專案總編輯—曾文娟
編　　輯—陳彥廷
校　　對—蔣勳、曾文娟、胡金倫、陳彥廷
責任企劃—藍秋惠
內頁排版—立全電腦印前排版有限公司

總 編 輯—胡金倫
董 事 長—趙政岷
出 版 者—時報文化出版企業股份有限公司
一〇八〇一九 台北市和平西路三段二四〇號七樓
發行專線—（〇二）二三〇六六八四二
讀者服務專線—〇八〇〇二三一七〇五
（〇二）二三〇四七一〇三
讀者服務傳真—（〇二）二三〇四六八五八
郵撥—一九三四四七二四時報文化出版公司
信箱—一〇八九九臺北華江橋郵局第九九信箱
時報悅讀網—http://www.readingtimes.com.tw
時報文化臉書—https://www.facebook.com/readingtimes.fans
法律顧問—理律法律事務所 陳長文律師、李念祖律師
印　　刷—金漾印刷有限公司
初版一刷—二〇二一年十二月三日
定　　價—新台幣五五〇元
（缺頁或破損的書，請寄回更換）

時報文化出版公司成立於一九七五年，
一九九九年股票上櫃公開發行，二〇〇八年脫離中時集團非屬旺中，
以「尊重智慧與創意的文化事業」為信念。

歲月無驚/蔣勳著. -- 初版. -- 臺北市 : 時報文化出版企業股份有限公司, 2021.12
面； 公分. -- (作家作品集 ; CM00100A, CM00100)
ISBN 978-957-13-9529-6(精裝). --
ISBN 978-957-13-9645-3(平裝)

863.55　　110016114

ISBN 978-957-13-9529-6(精裝)
Printed in Taiwan